JN193263

「ニュース」は生き残るか

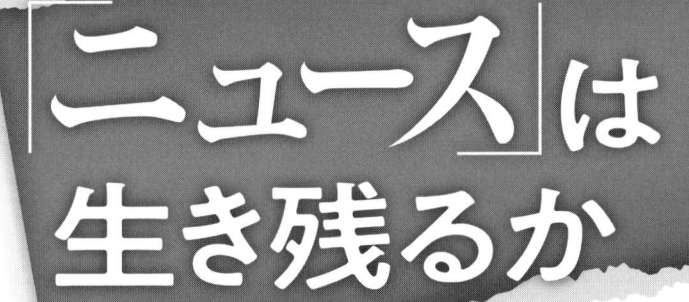

メディアビジネスの未来を探る

早稲田大学メディア文化研究所［編］

はじめに

　私が小学生だった約50年前、21世紀という遠い未来を描くSF小説やイラスト、漫画が世にあふれていた。宇宙旅行は当たり前、空飛ぶタクシーが行き交う夢のような世界が描かれていたが、21世紀に入り20年近くたった今も、宇宙旅行は夢でしかない。「ポルノグラフィティ」の歌ではないが、人類が月に足を踏み入れて一体どれくらいたったことか。

　しかし、通信技術だけは私たちの予想をはるかに上回る進歩を遂げている。スーパージェッターが腕時計型の通信機から「流星号、応答せよ、流星号」と呼び掛ける世界が実現したのだ。通信機は携帯電話からスマートフォンへと進化を遂げ、人々の生活に深く浸透した。

　メディアを取り巻く環境も激変した。個人と個人を網目のようにつないでいくソーシャルメディアの登場によって、一つのメディアから大衆に大量な情報を一方的に流すマスメディアの影響力が相対的に低下した。個人が多くの人々に発信し情報を共有する習慣は、スマートフォンの出現によってさらに加速している。

　ページビュー（PV）至上主義の下、Yahoo！（ヤフー）によるネットニュースの寡占状態は日本で今なお続く。ツイッターやフェイスブックなどのソーシャルメディアによりタイムラインでニュースを見る時代に移り、スマホの普及からアプリでニュースを読む時代に突入。ヤフー、スマートニュース、LINEニュースの3強時代を迎えている。

　膨大なPVを稼ぎ、自らは記事を作らないプラットフォームが、新聞社の記事を安い値段で買って掲載する。低コストでニュースを集め広告収入を稼ぎ出すプラットフォーム側と、ブランドと影響力の維持から渋々記事を安く提供するマスメディア側との関係は、バラエティ番組の「司会者とひな壇芸人」に例えられる。かつてはスーパーに強気で臨ん

だ食品メーカーが、コンビニの狭い棚に自社商品をいかに置いてもらうかに血道を上げるようになった逆転現象にも似ている。物を作る提供者側よりも、消費者への流通経路を握る側が大きな力を持つ時代なのだ。

ニュース報道を支える1次取材のコストはバカにならない。プラットフォーム側が自らは手を出さない中、この10年で部数を1000万部減らし収益力を落としている新聞社が、1次取材コストをいつまで負担し続けられるのか。

欧米の新聞社は記者や編集者の大幅な人員削減を断行し、デジタル版への移行を急いでいる。日本の新聞社のデジタル対応は一様ではない。デジタル勝負に出るところもあれば、紙にこだわるところも、デジタルを通じて紙の部数維持を図るところもある。世界に類のない部数を支える販売店網が、デジタル移行への足かせになっている面もあろう。宅配・課金制というビジネスモデルに比べ、収益性が一段低いことも、デジタル化へのブレーキとして作用しているようだ。戦後、新聞やテレビなどが依拠してきた広告モデルに代わる新しいマネタイズ手法は、いまだに確立していない。

ニュース価値があるとマスメディアが考える一般ニュースと、個人が望むニュースに開きが生じ始めた。一般ニュースでは、公共性や社会性が重視される。一方、受け手は芸能人のプライベートな話題やスポーツ、エンターテインメント情報に関心を向けがちだ。インスタグラムなどによる個人の情報発信が一般ニュースの価値を相対化している。

権力への監視機能は、ジャーナリズムの重要な役割である。これを担う報道機関は、ネットから多様な情報源を持ち始めた受け手の側から厳しくチェックされるようになった。情報を選別し真偽を確かめるフィルターとしてのニュースメディアの役割は、今後どのように変質していくだろうか。

アルゴリズムにより、個々人がお気に入りの情報や言論だけを取り込んでカプセル化する傾向が強まっている。その結果、公共性や社会性に

関わる価値観は薄らいでいく。民主主義の大前提である社会の共有知が成立しにくくなり、あらゆる階層、世代、性別、地域がまとまらない、混沌とした社会に移り変わろうとしている。米国の「トランプ現象」がこれを裏付けている。

　今という時代を大きな歴史の流れで考えると、視覚中心の活字文化によって支えられた近現代社会から、人工知能（AI）につかさどられ、バーチャルリアリティ（VR）に彩られた未来社会に移行していく転換点なのかもしれない。

　こうした、もろもろの問い掛けや問題意識に答えるべく、マスメディアでニュース報道に関わった経験者らが集まり、議論し、書き下ろしたものが本著である。

　ニュースメディアを取り巻く環境と、ニュースを消費する人たちのライフスタイルが一気に変わったこと。わが世の春を謳歌してきたマスメディアのビジネスモデルが終焉を迎えつつあること。これらを踏まえ、新しいネットニュースメディアの戦略を紹介するとともに問題点をあぶり出した。さらには、その先に見える新たなニュースメディアの未来像を探っている。

　2018 年 6 月

早稲田大学政治経済学術院非常勤講師
早稲田大学メディア文化研究所招聘研究員
稲垣太郎

も　く　じ

第1章
激変するニュース環境

◎根本正一、井坂公明

ネットに移行するニュース消費

■ニュースはすべてスマホで読む

横浜市在住の中浜慎太郎（32歳・仮名）は、上場企業に勤める独身営業マン。最近、ニュースを読むのが楽しくて仕方がない。一日中片時も手放さないスマートフォン（スマホ）を通じて、あらゆる情報が入ってくるからだ。新聞はもともと読まず、仕事が忙しくテレビもたまにつける程度の彼が、ニュースに関心を持つようになったのはなぜか。彼の一日の生活から探ってみよう。

朝起きてスマホを開けると、待ち受け画面にニュースのヘッドラインが並ぶ。「SmartNews（スマートニュース）」「Gunosy（グノシー）」「NewsPicks（ニューズピックス）」のニュースアプリ3社からのプッシュ通知だ。一覧するだけで、世の中で何が話題になっているのかが分かる。

見出しをタップしてアプリを開き、事件・事故や関心のあるスポーツ・芸能ニュースを楽しむ。最近目につく政治家のスキャンダルに苦笑し、猫の可愛い写真のまとめ記事に気持ちが和む。朝食を取りながらスマホをスクロールするうち、出勤前の時間が過ぎる。

片道1時間の通勤電車では、ビジネスパーソン向けの講談社のニュースサイト「現代ビジネス」（有料版）で、仕事絡みの情報収集に余念がない。経済一般やライバル会社の動向を、いち早く確認するためだ。

多摩川を越えた辺りからは、SNS（ソーシャル・ネットワーキング・サービス）の出番だ。「Twitter（ツイッター）」アプリのタイムラインで、企業や政府の公式アカウント、会ったこともない"友人"ら100人以上のツイートを読む。時折、自分の意見をつぶやき、賛同できる記事には「いいね！」や「シェア」をする。経済ネタのオピニオンリーダー

を自認する友人のコメントからは、経済情勢について独自の意見も得られて重宝している。営業の得意先で一度、情報の早さに驚かれたことがあり、一家言述べることもできるので自信につながっている。

　午前中の仕事をこなすと、昼休みは英語の時間だ。会社から英語力の向上を求められているため、「ウォール・ストリート・ジャーナル」など英米系メディアのアプリで国際ニュースを拾う。自国に偏りがちな日本の報道とは異なる切り口に、新鮮味を感じる。

　帰宅後のリラックスタイムは、雑誌やマンガをスマホで読むのが日課だ。月額1000円以下で100種類以上の雑誌が読み放題のサービスがいくつもあり、中でも「dマガジン」（NTTドコモ、月額税別400円）がお気に入りだ。音楽も昔はCDを買っていたが、今はスマホの定額配信サービスで、定額で何千万曲でも聴ける。コンテンツはできるだけ無料のものを探すが、これはと思うものにはカネを惜しまない。ゲームも当然、スマホアプリだ。

　夜が更けると、テレビを適当につけていても、意識はSNSに集中させる。ベッドに潜り込み、タイムラインの記事を読みあさる。流れるのは玉石混交の情報で、まともな記事もあるが、誰でも投稿できるため「フェイク（偽）かな」と感じることも多い。だが、嘘と分かっていても、面白ければ笑える。大きなニュースには、様々な個人的見解がコメントとして書かれ、ばかばかしいと思いながらも楽しんでいるうちに、いつの間にか寝てしまう。

■ポータルからスマホアプリとＳＮＳへ

　実在の人物に一部脚色を加えてはいるが、中浜は平均的なビジネスマンの一人だ。彼の生活から垣間見えるのは、現代人の暮らしにスマホが驚異的なまでに浸透している実態と、それによる情報利用の活発化だ。

　総務省の情報通信白書によると、日本人のスマホの個人保有率は56.8％（2016年）に達した。20代、30代では90％を超え、50代でも

年表　ニュースサイト20年、日本での主な動き

1996 年	ヤフーが日本版のニュースサイト開設
2004 年	グーグルが日本語版のニュース検索サービスを開始
2012 年	アンテナがサービス開始 スマートニュースがサービス開始
2013 年	グノシーがニュース配信開始（製品版） ハフィントンポスト（現ハフポスト）が日本でのニュース配信開始 LINE がニュース配信開始
2016 年	バズフィードが日本でのニュース配信開始

66％に上る。[注1] スマホを意識した情報サービスはあらゆる分野に広がり、若い女性はファッションやグルメの動画もスマホで見ている。

　ジャーナリズムの本丸である報道分野においても、スマホの存在感は増している。上記**年表**はここ20年のニュースサイトの流れだ。インターネットが普及し始めた1990年代、米国で Yahoo ！（ヤフー！）がネットの「玄関」となるポータルサイトを開設した。これが報道を巡る環境を大きく変えた。

　日本ではソフトバンクが米ヤフーと合弁会社を設立し、96年に「Yahoo ！ニュース」の配信を始めた。検索窓の下に8本のニュースを並べ、13.5文字（半角は0.5文字）の短い見出しでユーザーをひきつけた。「トピックス一覧」には、「国内」「国際」「経済」「エンタメ」「スポーツ」など、ジャンルごとに記事をふんだんに盛り込んだ。これに対抗して、グーグルも2004年に日本語版のニュースサービスを始めた。

　2010年代に入ると、ニュースの主戦場はブラウザーで見るポータルサイトから、スマホのモバイルアプリへと移る。生活情報を雑誌風に見せた「antenna（アンテナ）」やエンターテインメント性の強い「グノシー」とともに、幅広いニュースを網羅する「スマートニュース」がサービスを開始。SNS の LINE（ライン）も「LINE ニュース」の配信をスタートした。

　その間、米国ではネットに誕生したニュースメディアが米国を中心に台頭し、日本にも上陸。「The Huffington Post（ハフィントンポスト＝

現ハフポスト）」が朝日新聞社との合弁で、日本でのニュース配信を開始し、「BuzzFeed（バズフィード）」もヤフーとの合弁でこれに続いた。いずれも海外に拠点を持つ強みを生かす。ヤフーニュースやグーグルニュースも、スマホ時代を意識したニュースアプリを開発、ヤフーニュースのページビュー（PV）はすでに、3分の2がスマホ経由という。

　ICT総研の調査（2017年2月時点）によると、スマホなどモバイル端末のニュース利用において、13年度末段階ではブラウザー利用者が3412万人だったのに対し、アプリの利用者は4割に満たない1294万人だった。それが2年後の15年度末には、ブラウザー利用者が3210万人と微減だったのに対して、アプリ利用者は3378万人と急増し、ブラウザーを上回った。同総研は、19年度のニュースアプリ利用者を5410万人と予測する。[注2]

　ニュースアプリの利用率は下記の**グラフ**の通りで、ヤフーニュースが25.8％と最も高く、LINEニュース、スマートニュースと続く。LINEニュースの利用率は前年の11.6%から21.8%へと急増しており、女性利

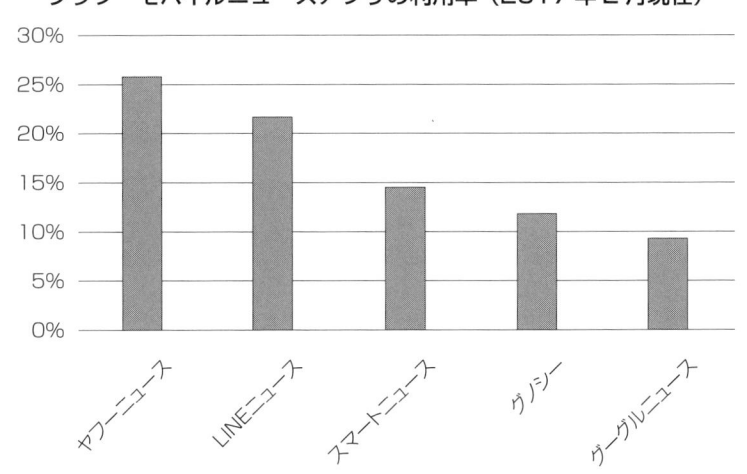

グラフ　モバイルニュースアプリの利用率（2017年2月現在）

※ICT総研調べ

用者の比率が57.1％と高いのが特徴だ。

　一方で、個人間のコミュニケーションを主体とするSNS時代は、個々人がSNSを通じてニュースを取得し、やり取りする新しい構図を生み出した。メディア側もSNSにアカウントを設け、シェアされることで記事が広く行き渡り、ニュースに接触する層を広げている。ツイートやチャットを通じて友人・知人経由でニュースを獲得するケースが増え、行動履歴を解析することで、個々人に適した記事を配信する機能を採り入れたアプリもある。

　だが、誰でも投稿できることから、マスメディアのニュースや企業・団体の公式アカウントによる情報発信に加えて、真偽が怪しく出所の不明なニュースも発信されるようになった。ニュースを読む手段は多様化しているものの、フェイク（偽）ニュースがSNSを介して果てしなく拡散し、社会を揺るがす事件に発展することもままある。このネット社会の危険性については、第4章で改めて分析する。

　総務省情報通信政策研究所の「平成28年情報通信メディアの利用時間と情報行動に関する調査」（調査対象1500人）によるとスマホ利用者は2016年段階で全年代の71.3％に達し、うちソーシャルメディアの利用率は93.6％に及ぶ。ソーシャルメディアのうち「mixi（ミクシィ）」、「Facebook（フェイスブック）」、「GREE（グリー）」、「Mobage（モバゲー）」、ツイッター、LINEの六つのいずれかを利用する人は調査対象全体の71.2％に上り、2012年の41.4％から大きく伸びている。中でもLINEの利用率は67.0％に上り、20代、30代では90％を超える。利用者全体のうち「書き込む・投稿する」人の割合はLINE（44.0％）、フェイスブック（14.5％）、ツイッター（13.1％）の順で高い。[注3]

■編集者不在、アルゴリズムがニュースを選ぶ

　ニュース専門サイトやアプリがどのようにニュースを配信しているのか、スマートニュースを例に見てみよう。スマートニュースは、「Google

（グーグル）」の「アプリ・オブ・ザ・イヤー 2013」に選ばれた、日本を代表するニュースアプリだ。

　トップ画面には主要記事の見出しが並び、その下に新聞社や通信社などの配信元が小さく記されている。見出しの間には幾つかの広告が挟み込まれ、最上部にあるスクロールバーには「政治」「経済」「国際」から「エンタメ」「スポーツ」「グルメ」まで、硬軟とり交ぜた標準 10 程度のカテゴリーが並ぶ。各記事を開くと、その下に関連記事や広告がふんだんに盛り込まれ、別の記事や広告に飛ぶことができる。

　他のニュースアプリと同様、スポーツや芸能のニュースがよく読まれるが、人気ジャンルの一つが「まとめ」だ。提携する LINE ブログから、書き込みの提供を受けて表示している。また、提携メディアの記事を一覧できる「チャンネルプラス」も人気の機能だ。2017 年夏現在でアプリのダウンロード数は 2000 万以上、毎日ニュースをチェックするユーザーの数を示す DAU（デイリー・アクティブ・ユーザー）は 300 万人強に達する。

　この膨大な記事は、大手新聞社や通信社を含む様々なメディアからの配信に頼っている。新聞社のように自ら取材して記事を作るのではなく、様々な記事を取捨選択して表示するメディアを「キュレーションメディア」と呼ぶ。電子商取引と同様に、ネット上で場所や仕組みを提供する「プラットフォームビジネス」の一つとも言える。既存の大手メディアにとっても、自社の記事を幅広く発信できれば、独自にリーチできる範囲を超えて、記事の価値を高めることができる。歴史的には、メディア企業が廉価な配信料でプラットフォームへのニュース配信を引き受けた経緯がある。これが、将来にわたって持続可能なニュースビジネスの環境を保てるかという問題を引き起こしており、第 4 章で考察する。

　IT（情報技術）の進化とともに、記事の編集にも様々な新しい手法が加わってきた。ネットメディアでは近年、特定のアルゴリズム（問題

を処理する手順）に従って、プログラムが大量の記事を解析・分類し、最適な場所や対象に向けて発信する手法が出てきている。AI（人工知能）が急速に進化すれば、新聞社の編集者が持つ微妙な価値観による判断まで、対応できるかもしれない。

　実際、スマートニュースには編集者が全くいない。ツイッターのつぶやきなどを大規模解析して人気のニュースを探し出し、ユーザーの閲覧行動なども加味して、最適な場所に配列する。広告も基本は、記事の間に挟み込まれるものが一般的だ。ただ現段階では、記事が問題にならないよう、人手によるチェックも強化している。

　スマートニュースのアプリは無料でインストールでき、ニュース閲覧も無料だ。基本的に広告収入が経営を支えている。新聞が広告収入と購読料収入の二本柱に支えられているのとは大きく異なる部分で、その意味では民間放送に近い。無料のサービスを、広告でマネタイズ（収益化）するビジネスモデルと言える。

　ネットの情報配信コストは低く、装置産業である新聞や放送とは異なり、少ない資本で運営できる。その一方、日進月歩の技術革新に乗り遅れぬよう、開発には力を入れており、ネットメディアはエンジニアを多く抱え、スマホのスムーズな動きや使いやすいデザイン作りに気を遣っている。

　同社の藤村厚夫執行役員は「われわれのようなプラットフォームの登場で、ニュースをスマホで読む習慣が人々に定着してきている。価値の高い情報源に対する需要は増えており、記事をどう見せれば関心を持ってもらえるのかということの重要性を、メディア企業も認識し始めたようだ」と、キュレーションサイトの意義を強調する。

■動画やまとめで分かりやすく、独自コンテンツで存在感増す

　スマートニュースはオーソドックスなニュースアプリだが、他のニュースアプリも含め、ネットならではの利点を生かして、これまで

ニュースに縁のなかった層にも分かりやすく伝えようという意気込みが見て取れる。成長著しいLINEニュースは、配信元の記事を編集者が「です」「ます」調に直し、内容を要約することなどで親しみを持たせている。過去からの経緯が重要なニュースについては、関連記事も提供し、読者の理解を助けてもいる。

　読者の目を引くため、動画を駆使するアプリも多い。バズフィードジャパンは料理レシピ動画サイト「Tasty」（テイスティ）において、専門チームが動画を作成し、SNSと連携して拡散させる戦略をとる。スポーツ・芸能関連やグルメ、動物といった生活情報が目立つものの、記事はほぼ内製化して独自ニュースで固めている。2017年秋からは、専門記者や有識者による医療健康情報のコーナーも設けた。「動画をさらに充実させ、SNSとの連携も深め、親しみやすいコンテンツをより多くの人に届けたい」と古田大輔バズフィードジャパン創刊編集長は語る。

　記事を流通させる場所としてのプラットフォームから、独自コンテンツ制作も手がけ始め、メディアとしての存在価値を高める動きも出ている。ヤフーニュースは2015年夏から、特集チームを組んで貧困や病気、少子高齢化など社会の根幹に関わる問題について、独自の記事を発信している。編集権はあくまでヤフージャパンが持つものの、地方紙などとタイアップし、外部のジャーナリストを使う。戦後70年の2015年には、戦争の資料や証言をアーカイブ化する「未来に残す 戦争の記憶」プロジェクトを開始した。専門家や有識者約550人を執筆陣とする「Yahoo!ニュース個人」も展開するなど、有吉健郎企画部長（Yahoo!ニュース担当）は「地域メディアや専門家個人とタイアップすることで、問題深掘り型のオリジナル記事を増やしていきたい」と将来を見据える。

　経済ニュースに特化したニューズピックスは、それぞれの記事に「ピッカー」と呼ばれる専門家らのコメントが多く並ぶ。テレビのコメ

ンテーターとして活躍する論客や著名な実業家ら約150人と、「プロピッカー」として契約。他にも、外資系企業やベンチャーキャピタル（VC）に所属するビジネスパーソン、自営業者、学生などコメントを投稿する「ピッカー」も数多くいる。ユーザーは好きな「ピッカー」を選んで、自分専用のコーナーを作る機能もある。

　経済動向に関心の高いビジネスパーソンや自営業者などターゲットは明確で、「テクノロジー」「イノベーション」など、科学や経営の最先端を紹介するカテゴリーもある。ニューズピックスは有料会員向けにも、コンテンツを配信している。有料会員数は4万2000人強（2017年6月末現在）。同社の佐々木紀彦編集長は「無料配信がニュースの価値をデフレ化させた。世界の潮流はすでに有料化へ向かっている。無料モデルにメディアの未来はない」と断言する。

■国際化と SNS が示す新たな可能性

　メディア環境を変えつつあるネットメディアの力の根源は、どこにあるのか。それは冒頭に挙げた営業マンのように、海外のニュースや論調など多様な情報を取り込むことができ、SNS を通じて友人・知人からもニュースを取得し、多くの人と共有できる多機能性ではないだろうか。

　日本のネットの現状からは、サービスの多くが海外発であることに気付く。検索サービスのヤフーやグーグル、SNS のフェイスブックやツイッターなどは、すべて米国発だ。また、LINE は韓国の検索大手ネイバーの子会社だ。音楽配信でも米国発のアップルやアマゾン、スウェーデン発のスポティファイなどが日本の事業者としのぎを削る。ゲームの世界でも、フィンランドのスーパーセルやイギリスのキング・デジタル・エンターテインメントが、日本でも人気のコンテンツを作っている。動画配信では米ネットフリックスが日本に上陸、アマゾンは動画配信でも電子書籍でも、存在感を示している。

　あらゆる業界で国際化が進む中、言語障壁の高いニュースメディア
は、長くその壁に守られてきた。ただ英語圏では、オーストラリアに出
自を持つメディア王ルパート・マードック氏が、20 世紀後半から英米
系のメディアを次々と買収していったように、メディア再編が進んでい
る。それは新聞やテレビ、映画、雑誌を含む総合的なメディア企業の登
場をもたらした。特殊言語に守られた日本はこれまで、その荒波から逃
れてきたが、自動翻訳が実用化しつつあるネットでは、その壁も崩れつ
つある。海外資本が日本のメディアに参入することも可能となってお
り、大手新聞社やテレビのキー局がこれまで独占的にニュースを提供し
てきた構造は、もはや過去のものとなっている。

　メディアと他の産業との境界線が消えつつある。ヤフーが通販やオー
クション、グーグルがゲームと、インターネットを通じた関連サービス
は多岐に及んでおり、ニュース配信は事業全体の一部に過ぎない。メ
ディアの中立性という観点から、新聞などは報道事業を他の部門から独
立して運営する傾向にあったが、今やニュースは世の中から一目置かれ
る特別な情報ではなくなりつつある。

　さらに、メディアは通信との融合という業態を超えた再編へと突き進
んでいる。2016 年秋には米通信大手 AT&T が、米メディア大手タイム
ワーナーの買収を発表（その後、米司法省が買収阻止へ差し止め提
訴）。電話市場が飽和状態にある中で、AT&T はエンターテインメント
系のコンテンツまで含めた複合メディアを目指しており、動画コンテン
ツ事業に特化したタイムワーナーの買収は、スマホを通じたネット系動
画を充実させるためと言われる。タイムワーナーはそもそも米映画会社
のワーナー・ブラザーズの親会社と米出版大手のタイムが 1990 年に統
合して誕生、傘下にニュース専門局の CNN も抱える。

　一方、逆方向の動きも起きている。ハフポストやバズフィードが日本
に進出する一方、日本発のスマートニュースやニューズピックスなどの
ニュースアプリが、米国進出を目指している。スマートニュースは

ニューヨークなどに拠点を開設し、2014年10月に英語版サービスを開始。ニューズピックスは米メディア大手ダウ・ジョーンズと米国内に合弁会社を設立し、同様に米国展開を始めた。両社とも海外展開は緒に就いたばかりだが、ネットメディアでは先行する米国も、ニュースのキュレーションサービスはまだ普及していないという。マスメディアでも日本経済新聞社が2015年に、英ピアソンから有力経済紙「Financial Times（FT、フィナンシャル・タイムズ）」を買収、グローバル展開を進める姿勢を見せている。国境と業界の壁を超えたメディアの広がりは、これまで日本語という言語の壁のあった日本にも、遅ればせながら押し寄せそうだ。

スマートニュースを事業の軌道に乗せた藤村厚夫執行役員は、早くからネットメディアの可能性を模索してきた。その藤村氏が言う。「テクノロジーの発達によって、少人数で数百万人にニュースを届けられる仕組みが出来上がってきた。仕組み自体はどこでも通用するので、このビジネスモデルをうまく生かすことで、言語の壁という高い国境を越えることもできる。新興国は需要が多いもののまだ収益的に成り立たないが、国際的なメディアビジネスを成立させる可能性はある」。多くの海外メディアとの提携によって、国内にとどまらない多元的な論調を提供し、日本の主張を国際的に広げることもできる。

■だれでも情報発信者になれる時代

一方で、ソーシャルメディアを取り込んでニュースが広範にやりとりされる時代には、マスメディアばかりでなく、誰もが情報の発信者となれる。たまたま事件や事故に遭遇してスマホで写真や動画を撮り、ネットに投稿して自分の"作品"が注目を浴びることも多い。社会問題に切り込んで、一躍時の人になることもある。自らの経験を匿名ブログで「保育園落ちた 日本死ね」と書いたことから世論に火がつき、国会でも取り上げられた待機児童問題はその好例である。「情報は大手メディア

から一方的に与えられるもの」といった常識は、崩れつつある。

　海上保安庁の職員が、巡視船が中国漁船に衝突されたビデオ映像を流出させた事件（2010年）や、2020年東京五輪・パラリンピックの公式エンブレムが、盗用・模倣との疑いで白紙撤回に至った（2015年）のも、ネット上で火がついたことが原因だった。ネットを舞台に活躍するフリーライターや、地域情報を発信する市民ライターが登場し、プロのネットライターも育ちつつある。ネットメディアの可能性に夢を託し、既存メディアから移る人材も多い。大手新聞社を1年で退社し、ネットの世界で活躍するあるフリージャーナリストの男性は、「縦社会のしがらみにとらわれずに、自分の問題意識で自由に言論を発信できる」と日米関係を中心に世の中をウオッチする。

　そうしたインターネットの双方向性は、既存メディアでは困難な新たなコミュニティーを醸成しているとも言える。市民社会は政治的自由を獲得した個々人が、自ら様々な社会問題について考え、それを公共の場で討論することによって、社会全体が最善の道を選択することを前提として成り立っている。その意味で、ネットの双方向性は誰もが発言できる民主主義社会を醸成する可能性を秘めるとともに、偏った論調の暴走をも許すことになる。その功罪については第4章で詳細に検討するが、多くの人間が人生や社会に閉塞感を抱いている中で、自己表現の場を見出すことができるようになったことの意義は大きい。

　自分の意見を多くの人に認めてもらいたいとの自己承認欲求が、ブログなどの個人メディアを誕生させた。ギリシャ時代のポリスで、広場に市民が集まって政治決定を行った直接民主主義のように、ネット上の世論形成が実現される土壌は出来上がっている。そもそも新聞自体が17世紀の初め、市民社会や初期資本主義の発展とともに、イギリスのコーヒーハウスで会話としてなされた海運情報や政治談義をかき集めて印刷したことから広がったと言われる。それを考えれば、現代の新しい公共圏が誕生したとしても不思議ではない。AIには集められた意見を解析

し、最適な解を生み出す集合知という機能があり、世論形成の場としての新しい民主主義のプラットフォームになり得るのではないかとの期待も込められている。

■新聞もデジタル化に舵切るが苦戦

先の総務省調査からは、ネットメディアが存在感を増す一方で、マスメディアの退潮もうかがい知ることができる。目的別に最もよく使うメディアについて聞いた設問では、「いち早く世の中のできごとや動きを知る」「世の中のできごとや動きについて信頼できる情報を得る」の二つで、テレビがそれぞれ54.1％、57.2％と最も高い結果だった。ただ、前者ではインターネットが40.9％と、テレビとの差を年々縮めてもいる。

もっとも、情報類型別に利用したメディアとして、テレビは「時事ニュース」（83.8％）を含め、スポーツ・芸能などいずれの分野でも依然抜きんでている。地上波各局は朝から夕方まで情報番組を多く流しており、特に専業主婦や定年退職者らが、情報の拠り所として最も頼っている姿がうかがえる。

厳しいのは新聞で、「いち早く世の中のできごとや動きを知る」という目的での利用は2.9％と低く、テレビやインターネットの後塵を拝している。「世の中のできごとや動きについて信頼できる情報を得る」（21.3％）でも、インターネット（17.2％）との差が縮まっており、情報類型別でも「時事ニュース」（45.9％）でさえネットのニュースサイト（45.5％）にほぼ並ばれている。(注4)

デジタルメディアへのシフトが鮮明になる中、既存メディアもネットを取り込んだサービスへ舵を切りつつある。テレビ各局は自局の番組を中心に見られる動画配信サービスに力を入れ、雑誌も電子版での配信が増えている。しかし、動画配信も電子雑誌も外資系の参入と相まってすでに過当競争時代に入っており、サービスから撤退する事例も相次いで

いる。

　ネットメディアの打撃を受けている新聞社も、紙と電子版の共存を図ろうと苦心している。ただ、日本の新聞は宅配制度など独自のビジネスモデルを編み出した過去の成功体験が大きいだけに、電子版へのシフトも及び腰のところが多い。新聞社の有料・無料サイトとも、読者数は伸び悩むところが多い。

　その中で、電子版を新しいビジネスモデルとして確立しつつあるのが日本経済新聞だ。有料会員向けに電子版独自のコンテンツを充実させ、ソーシャルメディアを使ってニュースを時系列で刻々と紹介するタイムライン報道にも力を入れ、ネットの長所を取り込もうと努めている。有料会員数は2017年初めに50万人を突破した。

　株式など投資をする人間にとって、リアルタイムの情報やプロによる分析の利用意向は高く、経済ニュースがネットの有料課金と親和性が高いのは否めない。日経新聞はグループとして、ほとんどの記事をポータルや他メディアに提供していないことも大きい。他の大手新聞社は多くの記事をネットメディアに安価に供給しているが、これは新聞社がコストをかけて作った記事の価値棄損にもつながりかねない。これはテレビや雑誌など他のメディアにも言えることで、将来のメディア構造を考える上でも重要な要素であるため、第5章でさらに考察したい。

注

（1）　総務省「平成29年版情報通信白書」第1章第1節 スマートフォン社会の到来
　　　http://www.soumu.go.jp/johotsusintokei/whitepaper/ja/h29/pdf/n1100000.pdf
（2）　ICT総研「2017年 モバイルニュースアプリ市場動向調査」
　　　http://ictr.co.jp/report/20170303.html
（3）　総務省情報通信政策研究所「平成28年情報通信メディアの利用時間と情報行動に関する調査」5—1 ソーシャルメディア等の利用率
　　　http://www.soumu.go.jp/main_content/000492877.pdf
（4）　同上：第6章 目的・情報類型別のメディアの利用状況

 ニュースメディアの構造的転換

　日本人がニュースを知る手段として、ネットメディアが新聞に並び、追い抜くという状況が生じたのが2016年前後だった。新聞などマスメディアから読者への一方通行だったニュースの流れも、第一報をネットメディアが発信することが珍しくなくなり、発信者や流通経路が大きく変化、複雑化してきた。ニュースメディアの中で、力関係の変化を含む構造的な転換が進行している。

■ 2016年米大統領選の衝撃

　2016年は、英国の欧州連合（EU）離脱をめぐる国民投票と米大統領選挙において、大方の現地マスメディアが立てた「EU離脱は否決される」「ヒラリー・クリントン氏が新大統領になる」という予想が外れるケースが続いた。

　予想が外れたということは、マスメディアが声を拾い上げることができなかった有権者層が存在したことを意味する。米大統領選ではネットメディア、特にフェイスブックやツイッターなどのソーシャルメディアが選挙戦を左右したといわれ、マスメディアの影響力の低下が浮き彫りとなった。この背景には、米国でマスメディアに対する信頼度が急速に落ちてきたという事情がある。

　米ギャラップ社が2016年9月に実施した調査によると、「マスメディアを信頼する」と答えた人は32％と前年に比べ8ポイントも減って過去最低に。政党支持別に見ると、民主党支持層では51％と4ポイント減だったのに対し、共和党支持層では14％と18ポイントも落ち込んだ。新聞など主要マスメディアの大半を敵に回したドナルド・トランプ氏の大手メディア批判に耳を傾ける層、すなわちニュースをソーシャルメディアで入手し、新聞

は信頼せず読まない層が全米規模で静かに広がっていたのである。[注1]

　もっとも、同社が 2017 年 9 月に行った同じ調査では「マスメディア を信頼する」は 41％まで回復した。ただ、民主党支持層では 72％まで 上昇したものの、共和党支持層では 14％と前年と同率のままだ。では ネットへの信頼度はどうかというと、同社の別の調査（2017 年 6 月実 施）によると、「新聞」を「信頼する」と答えた人は 27％、「テレビ ニュース」は 24％だったのに比べ、「ネットニュース」は 16％にとど まった。[注2]

　日本に目を転じると、マスメディアに対する信頼度は低下傾向にはあ るもののネットメディアに比べればかなり高く、米国ほど落ち込んでも いない。総務省情報通信政策研究所が 2016 年 11 ～ 12 月に実施した「平 成 28 年情報通信メディアの利用時間と情報行動に関する調査」（以下 「2016 年総務省調査」）によると、新聞は 70.1％（前回調査比 1.5㌽増） の人が「信頼できる」と評価しており、テレビ 65.5％（同 2.8㌽増）、イ ンターネット 33.8％（同 4.1㌽増）、雑誌 20.5％（同 3.8㌽増）を上回っ た。[注3]

　また公益財団法人・新聞通信調査会が 2017 年 11 月に実施した「第 10 回メディアに関する全国世論調査」（以下「2017 年新聞通信調査会調 査」）では、各メディアの情報をどの程度信頼しているかを 100 点満点 で聞いたところ、新聞は 68.7 点（前回調査比 0.1 点増）で、NHK テレ ビの 70.0 点（同 0.2 点増）には及ばなかったものの、民放テレビ 59.2 点 （同 0.1 点増）やラジオ 58.2 点（同 0.6 点増）、インターネット 51.4 点（同 2.1 点減）を上回った。[注4]

　IT（情報技術）やメディアの世界では米国で起きたことは 5 年後、 10 年後には日本でも起きる可能性が高いと言われており、米国での傾 向は無視できない。しかし、日本では米国に比べ新聞、テレビの信頼度 が相対的に高いという傾向は、今後もしばらく続きそうだ。

　日本でも 2016 年 7 月の東京都知事選や同年 9 月の民進党代表選では

ネットメディアが存在感を示し、マスメディアがネットメディアの後追いをする場面も見られた。都知事選では、評論家・山本一郎氏が個人の書き手が発信する場である「ヤフーニュース個人」への投稿で、自民党などが推薦した増田寛也氏に対し「岩手県知事時代に借金を2倍にした」「総務相のときに東京都に入るはずだった交付金2000億円を地方に回した」などと批判を展開。[注5] 元都知事の猪瀬直樹氏も経済ニュースアプリ「NewsPicks（ニューズピックス）」のインタビューで「都議会のドン」と言われた自民党都連幹事長の内田茂氏を告発した。[注6] 言論プラットフォーム「アゴラ」の新田哲史編集長は、「一般紙やテレビがあまり取り上げなかったこれらの話題を、ネットメディアや週刊誌が取り上げて口コミなどで広がり、小池百合子氏の陣営がうまく使って勝利に結びつけた」との見方を示す。[注7]

　民進党代表選では勝利を収めた蓮舫氏の二重国籍問題が争点の一つとなったが、アゴラへの八幡和郎・徳島文理大教授の投稿記事を夕刊フジや産経新聞が取り上げて問題が表面化した。[注8]

　新田編集長は「ネットメディアの台頭により"世論ゲーム"のルールが変わった」と指摘。従来は候補者自らがマスメディアを通じて発信する形だった選挙戦が、2016年の都知事選では第三者が発信する情報がより重要になる形に変化し、マスメディアとネットメディアの連動を意識した統合型マーケティングの時代に入ったと解説する。[注9]

　2016年の都知事選や民進党代表選は、ネットメディアの影響力が拡大しマスメディアとの力関係が変化してきたことを示す事例と言えよう。

■ネットメディアが紙の新聞を逆転

　日本人がニュースを知る手段として、ネットメディアが紙の新聞に並び、追い抜くという逆転現象が2015年から2017年にかけて起きた。2017年新聞通信調査会調査によると、ネットニュースを閲覧している

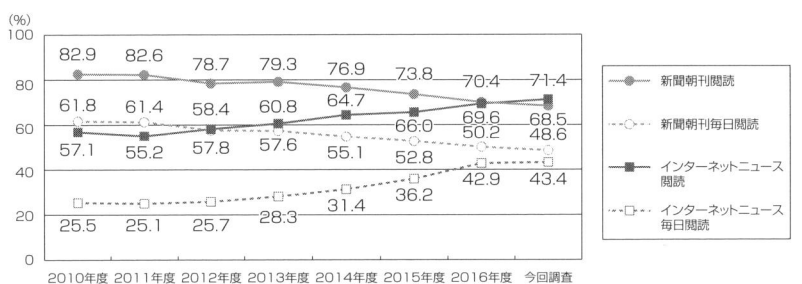

グラフ 1　新聞朝刊閲読率とインターネットニュース閲覧率の推移

（新聞通信調査会「第 10 回メディアに関する全国世論調査」＝ 2017 年＝より）

人は 71.4％（前年調査比 1.8ポイント増）となり、新聞の朝刊を読んでいる人の 68.5％（同 1.9ポイント減）を初めて上回った。2010 年の調査と比べると、ネットニュースは 14.3ポイント増え、新聞は 14.4ポイント減った（**グラフ 1**）。(注10)

　その背景には、ここ数年のスマートフォンの急速な普及がある。特に 2016 年からは SIM フリー化による「格安スマホ」のシェアが拡大しており、まだスマホが普及する余地が残っている高齢層も主要なターゲットとなっている。

　2016 年総務省調査では、文字系のニュースを読むに当たり、ヤフーニュースなどのポータルサイトを利用する人が紙の新聞を利用する人を初めて上回った。利用しているテキスト系ニュースサービスを尋ねたところ、「ヤフーニュース、グーグルニュースなどポータルサイトが提供するニュース配信サービス」が 60.4％（前回比 1.3ポイント増）で首位。前回までトップだった「紙の新聞」56.3％（同 5.2ポイント減）を 2012 年の調査開始以来、初めて抜いた。

　続いて「LINE ニュースなどソーシャルメディアを運営する企業が提供するニュース配信サービス」が 32.5％（同 18.3ポイント増）と倍増。以下、「スマートニュース、グノシー、ニューズピックスなどのニュースアプリ」（キュレーションサービス）8.9％（同 0.8ポイント増）、「ヨミウリオンラインなど新聞社が提供する無料ニュースサイト・アプリ」8.5％（同 1.4

グラフ2 利用しているテキスト系ニュースサービス（複数回答）

	紙の新聞	新聞社の有料ニュースサイト／ニュースアプリ	新聞社の無料ニュースサイト	ポータルサイト系によるニュース配信	ソーシャルメディアによるニュース配信	キュレーションサービス	いずれの方法でも読んでいない
全年代(N=1500)	56.3%	2.8%	8.5%	60.4%	32.5%	8.9%	8.9%
10代(N=140)	25.7%	2.9%	5.0%	43.6%	42.1%	7.9%	24.3%
20代(N=217)	28.6%	3.7%	10.6%	71.0%	59.0%	18.4%	7.8%
30代(N=267)	43.4%	1.9%	7.1%	72.5%	47.2%	10.9%	6.4%
40代(N=313)	56.2%	2.9%	9.3%	74.1%	36.1%	8.0%	5.1%
50代(N=260)	72.3%	5.0%	13.5%	53.8%	18.5%	8.1%	5.8%
60代(N=303)	83.5%	1.0%	5.0%	37.0%	4.3%	2.6%	11.2%
男性(N=756)	59.1%	4.0%	9.9%	63.5%	25.1%	10.6%	9.3%
女性(N=744)	53.4%	7.1%	7.1%	57.3%	39.9%	7.3%	8.5%

（総務省情報通信政策研究所「平成28年 情報通信メディアの利用時間と情報行動に関する調査」）

※減、「日経電子版など新聞社が提供する有料ニュースサイト・アプリ」2.8％（同0.4ポイント減）の順。「いずれの方法でも読んでいない」は8.9％（同2.0ポイント減）だった（グラフ2）。(注11)

こうした傾向は前回の2015年調査でも既に表れており、利用している文字系ニュースサービスは、ポータルサイトやソーシャルメディアなどの非新聞社系のネットメディアと答えた人の合計（81.4％）が、新聞社系の媒体と答えた人の合計（74.6％）を初めて上回った。

この調査を総務省情報通信政策研究所と共同で実施してきた東京大学大学院の橋元良明教授は「いつと特定できないが、2017年までの2～3年のスパンで逆転現象が見られる」と指摘する。(注12) ニュースを知る媒体としての新聞の存在感はまだまだ大きいが、購読者数の減少が止まらない上、広告収入の減少にも歯止めが掛かっていない。逆転後の新旧メディアの差はさらに広がることが予想される。

また、2016年総務省調査によると、平日1日当たりのテレビの平均視聴時間は168.0分でネットの平均利用時間の99.8分をかなり上回っているが、差は年々縮小している。年代が下がるほどテレビの視聴時間は短く、ネットが長くなっており、10代と20代ではネットがテレビを上回っている。

　ネットはニュースで新聞を逆転し、さらにテレビからも視聴時間を奪いつつある。

■変化したニュースの発信者、流通経路

　これまでは新聞やテレビなどのマスメディアが読者にニュースを配信するという一方通行の時代が長く続いた。特に、政治や経済、社会、国際などの硬派ニュースの発信はマスメディアの独壇場だった。

　しかし、ネットの出現と普及により、個人もネットを通じて発信できるようになり、最近は硬派ニュースの分野でも、ネットメディアやネットメディアを通じた個人がマスメディアより先行するケースも出てきた。そうした事例の一つが、大学の准教授がヤフーニュース個人で小中学校の運動会・体育祭での組み体操の危険性を訴え、マスメディアがこれを取り上げて、最終的に行政を動かすに至ったケースだ。

　名古屋大学大学院の内田良准教授は2014年5月19日、「緊急提言　組体操は、やめたほうがよい。子どものためにも、そして先生のためにも。組体操リスク（1）」と題した記事を発信。読売新聞熊本県版からの引用として、同月9日に熊本県菊陽町立菊陽中学校で、体育祭に向けた練習中に、140人で作る「10段ピラミッド」が崩れて一番下にいた3年生男子が全治1カ月程度の腰椎骨折と診断された事故を紹介。併せて2012年度の小学生の組み体操の負傷事故件数が約6500件に上ること、2011年度から2012年度にかけての小学生の種目別事故件数の増加率で組み体操がワースト1位であること、後遺障害が残ったケースもあることを挙げ、問題提起した。

　これを契機に全国紙や地方紙、テレビなどが組み体操の事故が多発している問題を取り上げ、文部科学省や各都道府県・各市町村の教育委員会にも議論が広がった。その結果、スポーツ庁が2016年3月25日に、児童・生徒が高い位置に上るタワーやピラミッドなど大きな事故につながる可能性のある技については「確実に安全な状態」でなければ実施し

ないよう各自治体に通知するに至った。朝日新聞によると、政令指定都市と都道府県庁所在地で 2015 年度に運動会で組み体操を実施した小学校の 2 割、中学校の 3 割が 2016 年度は取りやめた。[注13]

内田准教授は「問題があると思ったら、新聞やテレビ（などのマスメディア）を仲介せずに、時間もかけることなく、個人が直接情報を発信できるようになった。本当にありがたい」と話している。[注14]

また、IT 大手 DeNA（ディー・エヌ・エー）が運営する医療情報まとめサイト「WELQ（ウェルク）」が、医学的に根拠のない誤った情報を含む記事や、権利者の許諾を得ていない記事を載せているとして閉鎖に追い込まれた問題では、ニュースサイト「バズフィードジャパン」が口火を切った。

バズフィードは 2016 年 10 月 28 日、「無責任な医療情報、大量生産の闇　その記事、信頼できますか？」と題した記事を配信。水素水を「がんをはじめさまざまな病気を予防する水」と紹介した記事など、ウェルクに掲載されている責任が明確でない不確かな医療情報がグーグルの検索結果の上位を占め、信頼性の高い医療機関などの情報が見つけにくくなっていると報道し、ネット上で話題を呼んだ。

11 月 28 日には同じくバズフィードが「DeNA の『WELQ』はどうやって問題記事を大量生産したか　現役社員、ライターが組織的関与を証言」を配信し、ウェルクの問題のある記事がディー・エヌ・エーの組織的な関与によって作られていたことを、外部ライター向けのマニュアルなどの内部資料や書き手の証言により明らかにした。新聞などがそれを取り上げたため、世間の注目が急速に集まった。

こうした状況を受け、東京都福祉保健局健康安全部は 12 月 5 日、医薬品医療機器法（旧薬事法）違反の可能性も念頭にディー・エヌ・エーの担当者からの事情聴取に入った。結局、ディー・エヌ・エーは 12 月 7 日までにウェルクを含む運営する 10 の情報まとめサイトを全て閉鎖。同日、守安功社長と南場智子会長が謝罪会見をする事態に追い込まれ

た。

　ニュースが伝わる流通経路は、従来は「マスメディア→読者」に限られていたが、それに加えて「マスメディア→ネットメディア→読者」や「ネットメディア→読者」、「ネットメディア→マスメディア→読者」、「ネットメディア→ネットメディア→読者」などの形態も表れて複雑化してきた。さらにソーシャルメディアが間に入って連動、拡散を繰り返す形ともなっている。

■「ヤフー一強」のネットニュース環境にも変化

　日本のネットニュース環境では、基本的に自らはオリジナルニュースを作らず、マスメディアなどからニュースを仕入れ無料で読者の閲覧に供するポータルサイト・ヤフーニュースが圧倒的な存在感を誇る。これは2000年代に入ってから目立ち始めたが、欧米諸国などと異なる日本に特有な現象と言える。

　英オックスフォード大学のロイター・ジャーナリズム研究所が2017年1～2月に実施した調査結果をまとめた「デジタルニュースリポート2017」によると、日本人が直近1週間に利用したネットニュースサービスは、「ヤフーニュース」が53％と断然トップで、2位の「NHKオンライン」の23％を大きく上回っている。[注15]

　これに比べ、米国では「ヤフーニュース」25％、「ハフィントンポスト」24％、「CNN.com」22％と1位とそれ以下にあまり差がない。英国では「BBCニュースオンライン」が47％で抜きんでており、「ガーディアンオンライン」14％などを引き離しているが、BBCは自らニュースを制作しているマスメディアだ（**グラフ3**）。

　米国もヤフーニュースが1位ではあるが、日本ほど突出してはいない。ニューヨーク・タイムズやワシントン・ポスト、ウォールストリート・ジャーナルなどの大手新聞は「コンテンツの価値が損なわれるのを恐れて」（米大手紙東京特派員）ヤフーニュースにはほとんど記事を提

グラフ3　直近1週間に利用したオンラインニュースサービス

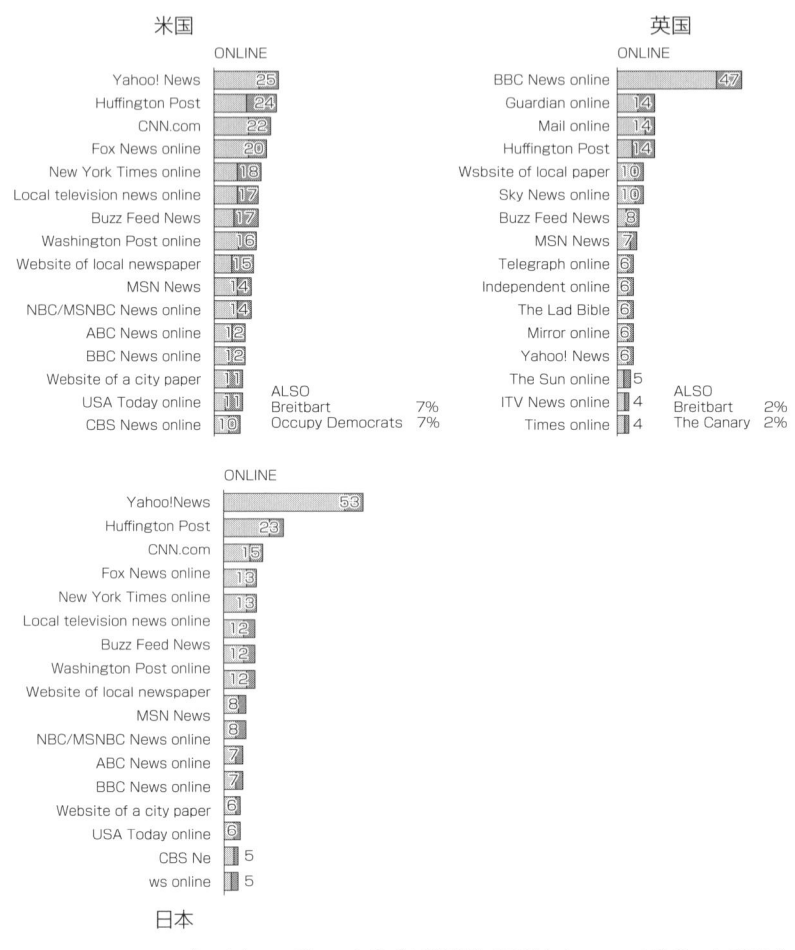

（ロイター・ジャーナリズム研究所「デジタルニュースリポート2017」）

供していない。

　一方、日本では日本経済新聞を除く全ての全国紙と、かなりの数の地方紙や民放テレビ局など約370媒体が、ヤフーニュースに1日合計約4000本の記事を提供している。朝日新聞デジタルと読売新聞は1日50〜60本、毎日新聞は1日130本程度の記事を提供しており、朝刊1面

の特ダネ記事も、朝の 6 〜 8 時ごろにはヤフーニュースで読める。これではわざわざお金を払って新聞を読む人がいなくなってしまうのではないか、と心配してしまうほどだ。[注16]

　ヤフー一強の背景には、新聞社をはじめとするマスメディアがヤフーにコンテンツ（記事）を渡し過ぎたという事情がある。このため「ヤフーニュースを読めば全て分かる」という意識が読者に広がり、パソコンが中心の時代には対等に戦える競争相手が育ってこなかったとみられる。一方で、マスメディア側のニュースサイトに魅力がなく、ヤフーニュースに比べて特に若年層向けの見やすさや使いやすさについての工夫が足りないという側面もある。つまり、ヤフーニュースに負けないサイトを作るための強い経営判断や資金的な裏付けがなく、テクノロジーでも後れを取ったため、ヤフーにコンテンツを提供して一定の提供料をもらい、ページビュー（PV）を戻してもらう方法が、マスメディア側にとっての現実的なネット対応だったとも言えよう。

　しかし、ここ 2、3 年のスマホの急激な普及により、ソーシャルメディアの LINE ニュースやニュースアプリのスマートニュースなどが台頭し、ヤフー一強のネットニュース環境に変化をもたらしつつある。

　既述のように 2016 年総務省調査では「利用しているテキスト系サービス」でポータルサイトは初めて首位に立ったが、その伸びは前回比 1.3 ポイントと 2015 年調査（同 4.6 ポイント増）に比べ鈍化。代わって LINE ニュースなどのソーシャルメディアは前回の 14.2% から倍以上に増えた。すべての年代で前回比 2 倍前後と大きな伸びを示し、10 代ではほぼヤフーニュースなどのポータルサイトに並んだ。また、女性の利用が男性を大きく上回っているのも特徴だ。スマートニュースなどのニュースアプリ（キュレーションサービス）も 8.9% に増えた。これらはまだ、ポータルサイトには及ばないものの、ネットニュース環境の中で着実に存在感を増しつつある。

■軟派好き、非ソーシャル、受動的な日本人

　日本のネットニュース環境のもう一つの特異性は、「軟派ニュース好き」で「非ソーシャル」「受動的」であることだ。ロイター・ジャーナリズム研究所が 2016 年に発表した「デジタルニュースリポート 2016」によると、より関心のあるニュースは政治・経済・国際などの硬派ニュースか、エンターテインメント・スポーツなどの軟派ニュースかを聞いたところ、日本では硬派と答えた人が 49％と調査対象 26 カ国中最低で、軟派と答えた人は 34％と最高だった。若者の軟派ニュース好きはどの国でも同じ傾向だったが、特に日本では 18 〜 24 歳で軟派と答えた人は 58％に上り、イタリア（29％）、米国（23％）、英国（17％）などと比べ突出していた。[注17]

　直近 1 週間にニュース記事を共有したり、コメントを付けたり、投票したりという能動的な行動をとった人の割合は、日本は 40％と 26 カ国中最低で、唯一 50％を切った。ソーシャルメディアを通じてニュースと出合う割合も、日本は 14％と最低。この 1、2 年 LINE ニュースなどのソーシャルメディアを通じてニュースを読む人が増えてはいるものの、軟派ものが中心のようだ。

　こうした軟派好きで非ソーシャル、能動的でない日本人のニュース行動は、物事に消極的、受動的な国民性に起因するものかもしれないが、まずは世界の中で極めて特異な範疇に属することを、私たち自身が認識する必要があろう。

■若者の「ニュース回帰」は本物か？

　ネットメディアの一部は、自分たちは若者の「ニュース回帰」に貢献していると主張している。確かに 2016 年総務省調査でも、利用している文字系ニュースサービスが「ない（いずれの方法でも読んでいない）」と答えた人は 8.9％と、前回に比べ 2.0 ポイント減少した。10 代は前々回 33.6％→前回 25.9％→今回 24.3％、20 代は 16.3％→ 12.8％→ 7.8％と、

ニュースを読んでいない若年層は年々減ってきている。

　この点について総務省の調査報告書は、①前々回の調査から設問に「ソーシャルメディアが提供するニュース配信サービス」と「キュレーションサービス」の二つの選択肢を追加した②前々回から「ポータルサイトが提供するニュース配信サービス」の例示に「グーグルニュース」を加えた③今回調査でソーシャルメディアによるニュース配信の利用者が大幅に増えた―ことが影響したと分析している。

　ただ、東大大学院の橋元教授は「グループインタビューで若年層にネットニュース視聴の実態を聞くと、ソーシャルメディアのプッシュニュースで『目にして』いるのであって、実はそんなに『読んで』はいない。エンタメとかスポーツ記事の見出しやリード（第1段落）を目にするぐらいで、中身を積極的に読んでいるわけではない」と、若者の「ニュース回帰」説には疑問を呈している。[注18]

　新聞離れによりニュースを読まなくなった若年層が、仮にソーシャルメディアなどを通じてニュースに帰ってきているとしても、紙の新聞など有料媒体への回帰ではなく、無料媒体を通じての回帰であるという点も見落としてはならないだろう。

■1次取材しないネットメディア

　ニュースを知る手段としてネットメディアが新聞に並び、追い越したといっても、肝心のオリジナルニュースを日常的に取材・制作しているネットメディアはまだ数えるほどだ。特に硬派のニュースの大半は、新聞などのマスメディアが1次取材の費用を負担して作り続けている。ネットメディアがニュースを制作しないのは、1次取材によるコスト増を嫌ってのことだ。

　ネットメディアはマスメディアが作ったニュースの提供を受けて、プラットフォームに載せているだけという見方もできる。流通は押さえているが、コンテンツは相変わらずマスメディアに依存しているとも言え

よう。それはネットメディアのニュース運営体制に、如実に表れている。

　例えばスマートニュースは80人弱（米国も含む）のスタッフで運営しているが、半数はエンジニアでその他はデザイナーなどで構成。編集者や取材記者は置いていない。記事は外部の2000超の媒体から1日1000〜2000本提供を受け、その取捨選択は、あらかじめ調整しておいたアルゴリズムで自動的に行っている。[注19]

　LINEニュースは40人ほどの編集部員で構成。編集者はネット上のあらゆる記事を探し、どの記事を取り上げるか選択し、要約的な説明文章を付けるのが主な仕事だ。記者はいない。[注20]

　ヤフーニュースは編集、企画、開発など約140人のスタッフから成り、開発デザイナーが半数を占め、編集部のうちトピックス担当は約25人いる。新聞社や出版社など370余りの媒体から、1日4000本の記事の提供を受け、トピックス担当はサイトのトップページに掲載する記事を選択する。併せて、ヤフーニュースが配信を受けていないネット上の記事も含め、アルゴリズムで解析して推奨記事として掲載している。[注21]

　ヤフーニュースにも記者はいない。ただ、2012年9月にスタートしたヤフーニュース個人は、専門家を中心とした約550人の書き手（オーサー）が執筆した記事を事前編集せずに掲載。条件を満たした書き手には執筆料を支払ったり広告収入を配分したりしている。

　また、2015年9月に始めた「特集」は、担当の編集部員が少子高齢化などの長期的なテーマを中心に、新聞社や雑誌社、映像制作会社などに提案・依頼して記事を共同作成している。実際の執筆は外部が行うが、編集権はヤフーニュース側が持つという雑誌社的な試みだ。さらに琉球新報などの地方紙と協力して「未来に残す戦争の記憶」プロジェクトも展開。実際の取材は地方紙などが担うが、ヤフーニュース側もオリジナルの映像コンテンツ制作などで貢献している。

■オリジナルの記事を作る動きも

　一方、最近では少数ながら、記者を抱えて1次取材に取り組むネットメディアも現れてきた。2014年2月から有料化に踏み切ったニューズピックスは国内外のメディア約90から記事の提供を受けて掲載しているが、約20人の取材記者がいて、1日5本から10本程度独自の記事を作成している。(注22) 2016年5月から配信した特集記事「LINE 韓日経営」は、LINE株式会社の東京証券取引所とニューヨーク証券取引所への同時上場に至る舞台裏を生々しく描き、話題を呼んだ。

　2016年1月に開設されたバズフィードジャパンでは、40人超の編集部のうち記者が20人余りを占め、記事や動画などのオリジナルコンテンツを作成、配信している。2017年9月に始めた「バズフィードジャパン　メディカル」で一部記事を外注している以外は、外部のニュースメディアからの記事提供は受けていない。(注23)

　早稲田大学ジャーナリズム研究所が2017年2月に始動させた調査報道メディア「ワセダクロニクル」は、日本で初めて寄付金モデルによる運営を目指している。取材スタッフは25人ほどで、専従は3人。第1弾である「買われた記事」シリーズでは、報道機関である一般社団法人共同通信社が特定の医薬品を事実上推奨する記事を配信し、見返りに子会社を通じて電通側から報酬を受け取っていたことを暴露。2017年8月に日本外国特派員協会から「報道の自由推進賞」を贈られた。2018年2月1日には早大ジャーナリズム研究所から独立し、NPO法人となった。朝日新聞OBの渡辺周編集長は「まだスタッフの給料も出ていないが、コンテンツの質では妥協しない。取材して1次情報を発信する集団は必要だ」と意気込む。(注24)

　しかし、ネットメディアが抱える取材記者の数はまだまだ少数にとどまる。オリジナルニュースの取材・制作には記者の人件費など巨額の経費がかかるからだ。現在1次取材費の大半を負担している新聞社などのマスメディアは部数減で業績が悪化の一途をたどっている。他方、1次

取材のコスト負担は避け、マスメディアの作ったニュースを安い料金で仕入れ、読者に無料で閲覧させて膨大な広告収入を稼ぐネットメディア大手の業績は、総じて上向きだ。このため、ネットメディアに対する「タダ乗り」批判も強まってきた。

　現在はまだ、新聞社に紙の新聞の売り上げによる利益の余裕があり、それを回してネット側に安く記事を提供している形だが、部数が減っていけば、新聞社が今のように1次取材費を負担するのは難しくなってくるだろう。そうなれば、特に硬派の記事をネットメディアに供給するところはごく少数になってしまい、社会全体のニュースの質が低下していくことも懸念される。日本のメディアにおけるニュースの制作、流通、消費の構造は持続可能ではないと言えよう。こうしたいびつな構造はいつまで持つのか。ニュース環境を持続可能なものに変えるにはどうしたらよいのか。これらの点については第4章で詳述する。

注

(1)　米ギャラップ社調査「Americans' Trust in Mass Media Sinks to New Low」（2016年9月14日） http://news.gallup.com/poll/195542/americans-trust-mass-media-sinks-new-low.aspx

(2)　米ギャラップ社調査「Democrats' Confidence in Mass Media Rises Sharply From 2016」（2017年9月21日）、「In U.S. ,Confidence in Newspapers Still Low but Rising」（2017年6月28日）

(3)　総務省情報通信政策研究所『平成28年情報通信メディアの利用時間と情報行動に関する調査』報告書p90（http://www.soumu.go.jp/menu_news/s-news/01iicp01_02000064.html）

(4)　新聞通信調査会『第10回メディアに関する世論調査』調査結果の概要p1（http://www.chosakai.gr.jp/notification/）

(5)　山本一郎「増田寛也『ほとばしる無能』を都知事候補に担ぐ石原伸晃＆自民都連」（ヤフーニュース「個人」2016年7月4日）、「増田寛也と『すでに失われた』都税一兆円」（同2016年7月9日）

（6）　インタビュー「誰が東京を殺すのか　猪瀬直樹が語る『東京のガン』」（NewsPicks2016 年 7 月 13 日）。また、同年 7 月 6 日に、猪瀬氏が NewsPicks に掲載された産経新聞の都知事選に関する記事に寄せたコメントには、3700 を超える「Like（いいね）」が付き、話題となった。

（7）　2016 年 11 月 8 日の早稲田大学メディア文化研究所「メディアの将来像を考える会」での新田哲史氏の講演より。

（8）　八幡和郎「台湾から帰化した蓮舫が首相になれる条件」（アゴラ 2016 年 8 月 11 日）、「蓮舫にまさかの二重国籍疑惑」（同 2016 年 8 月 29 日）

（9）　2016 年 11 月 8 日の早稲田大学メディア文化研究所「メディアの将来像を考える会」での新田哲史氏の講演より。

（10）　新聞通信調査会『第 10 回メディアに関する世論調査』調査結果の概要 p9（資料 2）

（11）　総務省情報通信政策研究所『平成 28 年情報通信メディアの利用時間と情報行動に関する調査』報告書 p76

（12）　2017 年 9 月 21 日の橋元良明氏へのインタビューより。

（13）　「組み体操中止　中学 3 割　『安全要請』後　小学校は 2 割　対策強化　続ける学校も　74 市区調査」（朝日新聞 2017 年 8 月 14 日付朝刊 1 面）

（14）　2017 年 11 月 2 日の内田良氏への電話インタビューより。

（15）　Reuters Institute for Study of Journalism『Digital News Report 2017』p120 ～ 121（http://www.digitalnewsreport.org/）

（16）　2017 年 11 月 3 日現在で、ヤフーニュース内に収納されている朝日新聞デジタルの記事は 9 月 24 日～ 11 月 3 日までの計 2123 本。読売新聞の記事は 10 月 27 日から 11 月 3 日までの計 412 本。毎日新聞の記事は 10 月 20 日から 11 月 3 日までの計 1811 本。

（17）　Reuters Institute for Study of Journalism『Digital News Report2016』p97 ～ 98（http://www.digitalnewsreport.org/survey/2016/）

（18）　2017 年 9 月 21 日の橋元良明氏へのインタビューより。

（19）　2017 年 8 月 28 日の藤村厚夫スマートニュース執行役員へのインタビューより。

（20）　ニュースの取材・編集体制については、LINE ニュースを運営する LINE 株式会社に質問状を送ったが、回答がなかったため、藤代裕之「ネットメディア覇権戦争　偽ニュースはなぜ生まれたか」を参考にした。

（21）　2017 年 10 月 16 日のヤフーの有吉健郎ニュース・スポーツ事業本部企画部部長（ヤフーニュース担当）へのインタビューより。

（22）　2017 年 8 月 31 日の佐々木紀彦ニューズピックス編集長へのインタビューより。

（23）　2017 年 9 月 28 日の古田大輔バズフィードジャパン編集長のインタビューより。

(24)　2017 年 10 月 23 日の渡辺周氏へのインタビューより。

◆**参考文献**

藤代裕之『ネットメディア覇権戦争　偽ニュースはなぜ生まれたか』光文社、2017
　年

奥村倫弘『ネコがメディアを支配する　ネットニュースに未来はあるのか』中央公
　論新社、2017 年

早稲田大学メディア文化研究所編『メディアの将来像を探る』一藝社、2014 年

総務省情報通信政策研究所『平成 28 年情報通信メディアの利用時間と情報行動に関
　する調査報告書』2017 年 7 月

同上『平成 27 年情報通信メディアの利用時間と情報行動に関する調査報告書』2016
　年 8 月

新聞通信調査会『第 10 回メディアに関する全国世論調査』2018 年 1 月

Reuters Institute　for Study of Journalism『Digital News Report 2017』2017 年

同上『Digital News Report 2016』2016 年

第2章
瓦解する
ビジネスモデル

◎稲垣太郎、水野泰志、吉田則昭、林秀一

 マスメディアからネットメディアへ

　ネットが登場するまで、マスメディアはニュース提供者の王者としてなぜ君臨できたのか。それは、新聞や雑誌、テレビ、ラジオそれぞれに成功の鍵を握るビジネスモデルがあったからだ。マスメディアを支えてきたこれらのモデルがネットメディアの登場とともに行き詰まり、一気に瓦解しようとしているかにも見える。メディアのビジネスモデルの選択肢は、有料か無料か、そして紙（電波）かネットなのか。本節では、メディア経営の類型を概説する。第2節以降で、これらのビジネスモデルを踏まえたマスメディアの興亡の経緯をたどる。

■メディアの経営3要素

　メディア経営を成り立たせる3つの要素として、①コンテンツ（記事）②デリバリー（配送）③収益化（販売・広告収入）がある。表1に示したように、マスメディアの分野ごとに組織の担当部局を当てはめると、例えば新聞の場合、①編集局②販売局（＋販売店網）③販売局（＋販売店網）＋広告局（＋広告会社）となる（**表1**）。

　経営を成り立たせているのは、それぞれのメディアが生み出す情報の付加価値である。読者や視聴者などメディアの利用者は、メディアが提

表1　メディア経営3要素と部門別一覧

	コンテンツ	配送	収益化
新聞社	編集局	販売局と販売店	販売局と販売店、広告局と広告会社
出版社	編集部	取次会社に委託	書店、広告営業
フリーペーパー	編集部	独自に配送	広告営業
NHK	番組制作	電波送出	
放送局	番組制作	電波送出	広告営業

供する付加価値に金を払う。それに加えて重要なのは、利用者はそのほかに、利用者自身の時間もメディアに消費することだ。記事（情報）に着目（アテンション）し、読んでかみ砕き、行動に移す。この過程こそが、メディアがもたらす付加価値にほかならない。つまり無料のメディアであっても、記事コンテンツとの交換により、利用者から一定の価値を獲得していることになる。

　このメディア消費の価値を巡って、現在あらゆるメディアが争奪戦を繰り広げている。もともと、1人のメディア利用者が1日24時間しか持っていないところに、新たなネットメディアが参入、ゲームなどのエンターテインメント情報も入り込んでいる。エンタメ嗜好の利用者が芸能ニュースやスキャンダルを好んで読むとしたら、一般ニュースの価値は相対的に下落することになる。

■販売収入型（有料）と広告収入型（無料）

　メディアの経営を支える収入源の違いから、マスメディアのビジネスモデルを分類すると、①販売収入型②広告収入型③販売＋広告収入（混合）型の3つになる。

　販売収入型は一切広告を載せず、読者からの購読料や視聴者からの受信料だけに依存する。一般書籍のほか、雑誌『暮しの手帖』や『週刊金曜日』（一部出版社の広告は掲載）、NHK、一部の有料テレビなどがこれに当たる。

　広告収入型は広告収入のみに頼り、読者や視聴者から課金しないモデル。出版物だとフリーペーパー、電波メディアなら民放がこれに該当する。ネットメディアのほぼ全てがこのタイプになる。

　世に普及する多くの紙の出版物は混合型だ。第2節で詳述するが、特に新聞は歴史的に商業新聞である「小新聞」を母体とするものがほとんどで、発行部数の増大に伴い、販売収入のみならず広告収入を伸ばしてきた。（①～③をそれぞれの特徴も含め一覧表にした＝**表2**）。

表2　収入依存から見たマスメディアのビジネスモデル

モデル	販売収入型	広告収入型	混合型
主なメディア	一部の雑誌、書籍、有料放送	フリーペーパー、民放	新聞、一般雑誌
広告	なし	あり	あり
課金	有料	無料	有料
事例	NHK、『週刊金曜日』、『暮しの手帖』など	民放局、『Hot Pepper』、『サンケイリビング』など	『読売新聞』、『朝日新聞』、『週刊文春』など
特徴	編集方針についてスポンサーなど外部の圧力を受けない。収入が限定されるため、マスに広がりにくい。	無料の強みで宣伝・拡張向き。広告収入にのみ依存するため、景気の変動に経営が左右されやすい。	ブランド構築に成功し、景気が良い場合は最強。ブランド低下と不景気のスパイラルが心配。

■ネットが左右したフリーマガジンの興亡

　ネットメディアの特性は、利用者が検索することで知りたい情報を探し、ほとんどの場合、無料で受け取れる点にある。ネット上に漂う情報は膨大で、キーワードで検索して出てきた情報は真偽の怪しいものもあるが、知りたい事柄に近づく手がかりにはなる。こうした「無料でも貴重な情報にたどり着ける」という利用者の経験の積み重ねが、無料媒体への信頼性を醸し出したことは間違いない。利用者の価値観の転換がもたらしたものの一つに、2000年代のフリーマガジンの興隆が挙げられる。

　フリーペーパーの中でも、雑誌のような体裁で良質な紙を使用したカラーページ満載のフリーマガジンは、2001年に283誌、5763万2560部が発行された。2005年には115誌が創刊され、422誌、9458万6554部と大幅に伸長した。[注1]

　リクルート社の月刊無料誌「ホットペッパー」（現在はリクルートライフスタイル社が発行）は、2006年時点で全国49版、合計565万5000部を発行、全国に1300万人いるといわれたF1層（20〜34歳女性）の4割近くをカバーしていた。2000年の創刊の際、インターネットで情報を提供する方法も検討したが、当時は特に地方でネットのインフラが整

わず、パソコンの普及率も低かったため、紙の無料誌の発行が最適との結論に至った。

現在は「ホットペッパー Beauty」を含む 50 版、274 万部台にまで発行部数を絞っている。一方、アプリとサイトに対応するスマホを中心にデータを提供しているネット版「ホットペッパーグルメ」は、2017 年 8 月でネット予約利用者数が 1 億 6000 万人を突破した。[注2]

重要なのは、リクルート社が紙の「ホットペッパー」を創刊して 5 年後の 2005 年時点で、「ホットペッパーグルメ」のサービスを開始、すでにネット移行への道筋を見据えていたことだ。通信インフラの整備の段階的な進捗をにらみながら、サービスの提供方法を検討し、柔軟に対応していく姿勢の重要性がここに見て取れる。

■地下鉄やトンネルのアンテナ整備で環境一変

フリーペーパーが通勤通学の電車内で読まれた期間は短かった。2008 年に日本に上陸したスマートフォンとニュースアプリの登場により、自宅や会社の机の上にあるパソコンでなくとも、手のひらに収まるスマホやタブレットで情報を入手できるようになったからだ。

さらに決定的だったのは、2013 年 3 月に首都圏の主な地下鉄や J R で、移動通信用のアンテナが車両とトンネル内に配備されたことだ。これを契機に、地下鉄の中で紙を読む人々が瞬く間に少なくなった。ブランケット判の新聞はテーブルメディアと化し、駅構内に所狭しと並んでいたフリーマガジンのラックは激減した。

スウェーデン発の「Metro（メトロ）」に代表される無料新聞が、地下鉄網を持つ世界の主要都市に広がり、日本の首都圏にいつ登場するのかと注目された時代もあった。しかし、電車内の新しいメディア環境への移行により、その可能性はほぼゼロとなった。

■ネットメディアの課金型と広告型

　ネットメディアのビジネスモデルは第5章で詳述するが、こちらも課金型と広告型に分かれる。購読料を収入源とする課金型の場合、サブスクリプションと呼ばれる定期購読サービスが増えており、その中には課金手法によって、「ハード・ペイウォール」「メーター制」「機能制限方式」などさまざまな種類が存在する。

　一方の広告型は、紙メディアでは「広告枠の面積」により単価が決まっているが、ネットでは設定された広告枠のインプレッション数（表示された回数）で料金が決まる。パソコンからスマホへのシフトがもたらした重要な変化は、記事の表示面積の縮小だ。たとえば、読者に表示できる広告枠の面積が3分の1に減った場合、パソコンと同じ広告収入を得るには、3倍のインプレッション数を稼がなければならないとされる。[注3] ネットメディアの収益確保においても、デジタルならではのさまざまな障壁が横たわっている。

（注）

（1）　日本生活情報紙協会調べ
（2）　ホットペッパーグルメ　ホームページ（2017年12月24日）
　　　　https://www.hotpepper.jp/yoyaku_no1/
（3）　久保田大海「KOMUGI メディアビジネスは今すぐやめましょう」
　　　　http://komugi.jp/?p=632

 **栄華きわめた新聞の限界**

■「販売＋広告」モデルで高度成長

　新聞産業は、全国紙・地方紙という二層構造の下、1970 〜 2000 年の
30 年間に特筆すべき高度成長を遂げ、発行部数も収入も右肩上がりで
伸び続けた。日本新聞協会によると、発行部数のピークは 1998 年の
5400 万部で、1 世帯当たりの普及率は 1.2 部となっている。

　「販売＋広告」というダブルインカムがビジネスモデルとして功を奏
した結果である。

　日本の新聞の特徴は、定価販売が可能な再販制（再販売価格維持）の
下、宅配制に依拠した「プッシュ型メディア」であり、大半の新聞部数
が宅配されている点にある。2016 年の日本新聞協会調べでは、戸別配
達率は 95.06％、31 万人の配達員が宅配を支えている。販売店は、メディ
アと読者をつなぐ結節点として、欧米と比較してもユニークな存在だ。
新聞の販売史は基本資料が少ないため、言論史、広告史と比してないが
しろにされてきたが、その歴史には着目すべきことも多々あり、新聞の
盛衰を眺めるうえでこの視点は外せない。

　しかし、今世紀に入ると、新聞は発行部数・収入とも下降線をたどり
はじめ、今日では全国紙、ブロック紙とも、配達エリアに空白の地域が
みられるようになった。新聞のビジネスモデルが瓦解しつつあるのだ。

　まずは、新聞社がいかに読者を獲得し、その結果、発行部数を増加さ
せることで、メディアとしての媒体価値を向上させ、広告獲得に寄与し
てきたか、隆盛の過程をたどってみる。

　まず、公的機関などの取材のため、複数のメディア企業が作る任意組
織「記者クラブ」から。日本における記者クラブは、1890 年（明治 23
年）に第 1 回帝国議会が招集された時に誕生したとされる。戦後は、取

材機関または親睦機関として、原則的には日本新聞協会に加盟している新聞社、通信社、テレビ局などによって組織・運営されている。こうした記者クラブが政府・官公庁などから、情報をほぼ独占的に入手し得たのは、ひとえに新聞と公的機関の相互依存関係に支えられてのことであった。新聞のニュースの生産過程を見ると、記者クラブが情報源を囲い込み、再販制と宅配制というシステムによって、プッシュメディアとしての新聞の特性を形作っていたとみることができよう。

　新聞の「強み」の一つに、取材・編集から印刷・宅配までを、強固につなぐ垂直統合モデルであったことが挙げられる。情報配信のプラットフォームを形成することで、他業種からの参入障壁を高くしていたという装置産業的な側面もある。そこでは、ニュースはパッケージ化され、お茶の間に提供され続けた。

　また、「日刊」であることと、「印刷メディア」であることの二つの要素が、絶妙なバランスで掛け合わされていることも「強み」として挙げられる。日刊体制で情報を収集し、まとめあげた印刷物を制作するには、数多くの専従ジャーナリストが必要となる。この点、編集者が正社員で、記者やデザイナーは契約スタッフであることも多い「雑誌」や、番組ごとに区分けされた制作体制を持つ「放送」とは、日々のワークフローが異なる。それゆえ、新聞社に属するジャーナリストは、できるだけ目的合理的、継続的に報道活動に従事し、営業社員は新聞を日々届けるべく努力し、読者もそれを期待した。

■強みは課金による価格形成力

　多くの新聞社が独立した私的企業法人であり、販売収入と広告収入によって自立的に運営されているということも大きい。莫大な運営コストがかかる「放送」の場合、民放のように広告に大半を依存するか、NHKのように公共放送としての受信料に頼らざるを得ない。それと比較して、新聞社の運営は相対的に低コストであり、完全な独自運営が可

能である。新聞社の裁量で、報道記事スペースと広告スペースを分離できている点が重要なのであろう。

　日刊新聞を発行する場合、報道記事を優先し、広告を従属的に取り扱うよう広告主の理解を得るというのが一般的である。これは、日刊新聞というニュース媒体の信頼性、また報道現場の記者たちのモチベーション維持の面でも、非常に重要な要素になっている。日刊紙に対する信頼性が生まれてきた背景には、このように構造的かつ持続的な経営姿勢があったといえる。

　加えて、日本特有の歴史的背景もあろう。戦前の一県一紙など新聞界の「1940 年代体制」によって、当時の政府発表の情報が、全国津々浦々まで瞬時に伝えられるよう、情報宣伝システムを作り上げたことが、効率的な情報伝達を可能にした。

　販売史の知見からは、戦時統制による共同販売（共販）の時期を過ぎ（この間、用紙欠乏により一戸一紙となる）、1951 年 10 月に朝夕刊セット制が復活。同年に産経新聞が始めた専売制は、翌 1952 年にかけて各紙の専売制への移行を促した。戦前まで新聞販売店は、直営販売店、専属売捌（うりさばき）店（専売店）、諸紙売捌店（非専売店・併売店）、大取次売捌店の形態に分けられていたが、今日では専売を中心に複合・合販といった形で行われ、販売店主個人の営業才覚によって売り上げ向上を期待できるシステムとなった。それは明治以来の歴史の産物であり、人々の生活パターンに根差したものでもあった。

　このように考えていくと、新聞の最大の「強み」がおぼろげながら見えてくる。それは「課金能力」（＝価格形成力）ともいえる。課金は、インターネットが苦手としてきたサービスの一つである。新聞読者は、月額購読料を毎月きちんと払ってくれる非常に安定的な顧客である。これも、新聞社と日刊新聞に寄せられる信頼感に根差したものであろう。

　新興メディアが台頭するとき、旧来のメディアの特徴が見えてくることがあるが、今日のネットメディアと対比することで、かつての新聞の

「強み」が浮き彫りになったといえる。

■ネットメディアの特性に見劣りし衰退へ

21世紀に入ると、新聞はこれまでとは一転して、発行部数も収入も減少し始め、衰退の一途をたどる。その要因は単純ではなく、複雑に絡み合っている。

ネットメディアの台頭、パソコンやスマートフォンの普及、ソーシャルメディアの隆盛、ネットメディアへの安価なニュース提供、ニュース取得手段の多様化、新聞ビジネスモデルの成功体験、新聞社経営陣のネット軽視・敵視、新聞販売網維持への固執、新聞広告効果の限界、ＩＴ技術者の不足…。数え上げると切りがないが、大別すると、新聞というメディア特性に起因する劣位性や、新聞ビジネスそのものの限界に絞り込まれる。

衰退の最大の要因は、インターネットが社会インフラとして生活の隅々まで浸透していったことだろう。この結果、あらゆる面でライフスタイルが様変わりし、メディア環境も大きく変わった。これに対し、新聞を主たる収入源とする新聞社の経営は、適切に対応できなかったのである。

一般に、メディアがメディアとして十分に機能するためには、「情報」「伝送路」「端末」の「メディアの三要素」を満たすことが必須条件とされる。新聞でいえば「記事」「トラック」「紙」。放送なら「番組」「電波」「テレビ・ラジオ」で、いずれも三要素がそれぞれ確立され、機能してきた。これに対し、ネットメディアの三要素は「コンテンツ」「通信ネットワーク」「パソコン・スマホ」ということになるが、黎明期には伝送路も端末も貧弱だった。ところが、インターネットの普及・高度化とともに、伝送路も端末も飛躍的に発展してメディアとしての機能を整え、新聞や放送と並ぶ、あるいは凌駕するメディアに成長してきたのである。

　新聞とネットメディアを、メディア特性の観点から俯瞰すると、彼我の違いが明確に見えてくる。

　まず、情報流通の方向性。新聞は「1から多へ」の一方通行だが、ネットメディアはホームページのウェブサイトこそ一方通行に近いものの、LINEやフェイスブックに代表されるソーシャルメディアは「多から多へ」の相互通行という双方向性を、基本的に内在している。

　次に、読者や利用者への訴求力を握る表現性。新聞は文字（テキスト）と写真、放送は音と動画が中心になるが、ネットメディアは、すべての情報をデジタルデータとして処理するため、文字・写真・音・動画のいずれの表現も自在だ。

　物理的制約の違いも明白だ。新聞の情報発信は、1日1回（朝刊）または2回（朝夕刊）と時間的制約を受けるが、ネットメディアは「いつでも」「どこでも」「すぐに」発信できる。

　量的制約の差も大きい。新聞の情報量はページ数に規定されるが、ネットメディアには制限がない。

　情報の保存については、新聞は最近でこそ記事データベースが整備されるようになったが、かつては縮刷版やマイクロフィルムといったアナログ的保存手法しかなかった。これに対し、ネットメディアは、ネット上からデータを削除しない限り、いつまでも存在しうる。

　これらの膨大な情報を探し当てる検索力にも、大きな違いがある。新聞の場合、一般の人が記事データベースを検索するには、手間も費用もかかる。まして山積みにされた新聞から、欲しい情報を取り出すのは事実上不可能だ。一方、グーグルに代表されるように、ネットメディアは求める情報に、いつでも直ちにアクセスできる。

　かつて一日の長があるといわれた新聞のメディア特性も、今やネットメディアの後塵を拝するようになった。

　優れていたとされる情報の一覧性は、ウェブなどで紙面イメージを簡単に閲読できるし、最近は視覚性に優れたニュースアプリも登場してい

る。第1章の冒頭で紹介した電車の中に持ち込んでも読めるという携帯性は、今やすっかりスマホやタブレットに取って代わられている。

　もう一つ、宅配による購読の習慣性も、パソコンやスマホで毎日ニュースを見るというデジタルネイティブの前では、影が薄くなってしまった。

　もともと宅配網が整備されているからといって、読者が記事を読んでいたとはいえない。新聞の発行部数がピークのころの1997年に、日本新聞協会が実施した「第12回新聞信用度調査」によると、購読の理由として「記事内容」をあげた人は3割にも達していない。消極的理由（「どちらかといえば記事内容」）で購読している回答者を足しても、5割がやっとだ。また、「宅配がなくなれば新聞を買うか」という質問に対し、「必要な時だけ買う」「まったく買いには行かない」と答えた人が合計で7割強にも上った。新聞が魅力あるメディアとはいえないことは、ネットメディアが席巻する前からある程度分かっていたのである。

　こうして見てくると、様々なメディア特性において、ネットメディアの優位性は論をまたない。「メディアの王者」として君臨してきた新聞がネットメディアに置き換えられるのは、メディア史の必然とも言える。

　一方、新聞の成熟した「販売＋広告」のビジネスモデルに安住し、その成功体験のくびきから逃れられなかった新聞社経営が、新聞の衰退に拍車を掛けた。

　1990年代半ばにインターネットが商用化された当時、新聞社経営陣の多くが、社会を変革するインターネットの破壊力はもちろん、ネットメディアの脅威を認識していなかった。創設間もないヤフーが、記事を配信してもらおうと新聞各社を行脚したものの、「ヤフーって何？」という返事が返ってきたことは、今や語り草だ。2000年代に入っても、大半の新聞社は「ネットは新聞の補完」と位置付け、ネットメディアを軽視する姿勢は変わらなかった。

　最も大きな足かせとなったのは、新聞ビジネスの隆盛を支えた販売店網だった。「ネットに無料で記事を出せば、新聞が売れなくなる」という販売部門の主張は、「ネット敵視観」となって新聞業界全体を覆ったのである。

　この間、新聞各社の記事を集めたヤフーをはじめとするポータルサイト（アグリゲーター）は膨大な利用者を獲得、ネットにおけるニュース配信の確固たる地位を着々と築いていった。

　新聞のメディア力の減衰が最初に数字となって現れたのは、広告だっ

表１　新聞広告費の推移

	総広告費 （億円）	新聞広告費 （億円）
2016 年	62,880	5,431
2015 年	61,710	5,679
2014 年	61,522	6,057
2013 年	59,762	6,170
2012 年	58,913	6,242
2011 年	57,096	5,990
2010 年	58,427	6,396
2009 年	59,222	6,739
2008 年	66,926	8,276
2007 年	70,191	9,462
2006 年	69,399	9,986
2005 年	68,235	10,377
改定前		
2006 年	59,954	9,986
2005 年	59,625	10,377
2004 年	58,571	10,559
2003 年	56,841	10,500
2002 年	57,032	10,707
2001 年	60,580	12,027
2000 年	61,102	12,474
1999 年	56,996	11,535

（電通「日本の広告費」「電通広告統計」をもとに日本新聞協会作成。2007 年に「日本の広告費」の推定範囲を 05 年に遡及して改訂）

（表２）　新聞発行部数の推移

	発行部数	1 世帯当 たり部数
2017 年	42,128,189	0.75
2016 年	43,276,147	0.78
2015 年	44,246,688	0.8
2014 年	45,362,672	0.83
2013 年	46,999,468	0.86
2012 年	47,777,913	0.88
2011 年	48,345,304	0.9
2010 年	49,321,840	0.92
2009 年	50,352,831	0.95
2008 年	51,491,409	0.98
2007 年	52,028,671	1.01
2006 年	52,310,478	1.02
2005 年	52,568,032	1.04
2004 年	53,021,564	1.06
2003 年	52,874,959	1.07
2002 年	53,198,444	1.09
2001 年	53,680,753	1.12
2000 年	53,708,831	1.13

（2017 年 10 月、日本新聞協会調べ）

た。2000年に1兆2474億円を確保した新聞広告費は、2010年には6396億円と、10年間で半減してしまった（**表1**）。経営トップからハッパをかけられても、広告部門はなすすべもなく呆然としているうちに、2009年にはネット広告費に逆転されてしまう。

一方、発行部数の落ち込みは、広告より数年遅れて顕在化してくる。2007年に5202万部あった発行部数は、2017年には4212万部と、10年間で1000万部も激減したのだ（**表2**）。しかも、減少ペースは衰える気配を見せない。販売店の収入源となっていた折り込みチラシも減って、廃業する販売店が目立ち始め、宅配を支えてきた強固な販売網はほころびが大きくなっている。

■新聞は危機でも、新聞社は再生も

新聞のビジネスモデルの両輪が音を立てて崩れつつある今なお、本腰を入れてネットメディアに進出しようとしている新聞社は、日本経済新聞や朝日新聞など数える程度でしかない。

海外に目を転じると、ネットメディアのビジネスモデルを構築し、一定の成功を収める事例も増えてきた。第5章で詳述するが、米ニューヨーク・タイムズは一度挫折したものの、優秀な人材が本気でネットメディアに取り組み、危機的状況から立ち直った。米ウォールストリート・ジャーナルや英フィナンシャル・タイムズは、経済ニュース中心の特殊性を活かし、多数のネット読者を取り込んでいる。米ワシントン・ポストはアマゾン創業者のジェフ・ベゾス氏に買収され、ネットビジネスとリンクした新しいモデルを開拓している。ニュース発信を総合デジタルビジネスの一部門に位置付ける独アクセルシュプリンガーやノルウェーのシブステッドの例もある。

新聞がメディアとしての終焉を迎えるのか、新聞が消えても新聞社はネットビジネスに転じて生き残るのかは、それほど遠くない将来に「答」が出てきそうだ。

◆**参考文献**

日本新聞販売協会『新聞販売百年史』、1969 年

東季晴『新聞の産業構造（1）―販売―』稲葉三千男・新井直之『新聞学』日本評論
　　社、1977 年

岩瀬達哉『新聞が面白くない理由』講談社文庫、2001 年

『ジャーナリズム＆メディア第 4 号』、2011 年

 広告業界の発展と曲がり角

■録画視聴で高まるＣＭ飛ばし

広告会社の業績は、マスメディアの発展とともに伸長してきた。戦後、ラジオに続きテレビが開局し、ＣＭ枠をスポンサーに販売するというビジネスモデルが花開き、テレビ業界の発展は続いた。それに対応して広告業界も大きく成長した。五輪不況時の1965年を除くと、2008年のリーマンショックまで一貫して、広告費は伸び続けてきた。中でもテレビ広告費は、1975年に新聞を抜き、今に至るまで、媒体別首位の座にある。

1980年代にはビデオ機器の普及により、テレビ番組を録画して見る視聴習慣が現れた。ドラマの視聴率が低い傾向にあるのは、録画したものを後で見る割合が高いからと、指摘されている。ただし、広告業界のビジネスの現場では、数字には表れない録画率ランキングが考慮されることはほとんどない。

ＣＭは、スキップされると広告効果が減衰してしまう。ビデオ機器の録画機能を使って、番組本編だけを視聴し、間のＣＭを飛ばす傾向が指摘されている。現在は、ハードディスク（HDD）内蔵型機器の普及率が高まり、ＣＭ飛ばしの割合がさらに高まっていると推測されている。広告業界では、その対応策が急務であり、各種の対応策が練られている。ＣＭではなく、番組本編にクライアントの商品を露出する手法などが開発されている。

■テレビ単独の広告プランニングは減少

インターネットの急速な普及は、広告業界を大きく変えつつある。マスメディアは、テレビ広告費が堅調に推移している以外は、伸び悩み傾

向にある。企業の広告費は一定であり、マスメディアに投下してきた費用をネット関連に振り向けているのである。しかし、インターネット広告費は1兆5,000億円を超えるレベルに達し、テレビに次ぐ位置にある。[注1]

　問題は、ネット広告費のコミッションが、既存マスメディアの利益率に比べて低いことにある。ネットでの取引件数は膨大で、参入障壁が大幅に低くなった。平均広告単価はマスメディアに比べて低いうえに、競争が激化することにより、値引き率も高くなっている。

　スマホなどが普及し、情報収集形態が変貌している現在、テレビメディア単独・中心型の広告プランニングは減少し、ネット広告を組み合わせる事例が増えている。テレビCMにおける「続きはWebで」という表示や、雑誌のQRコードでインターネットに誘導する手法がその典型例である。

■まとめサイトとデジタルサイネージ

　総務省が行った「情報流通インデックスの計量」調査（2011年8月）によると、平成15年度を境に流通情報量が急激に増加し始めている（**グラフ1**）。

　流通情報量を見るとインターネットの著しい伸びが目立つ（**グラフ1**）。消費情報量はその急激な伸びに追いつかず、平成21（2009）年度には減少に転じている（**グラフ2**）。情報過剰社会の中で、どのようにして情報を受け取ってもらうかは、ますます難しくなっている。

　有効な対策は二つ考えられる。一つ目は、大量に出回る情報を簡約化して提供することである。ネットでは、まとめサイトが人気を呼んでいる。とくにグルメサイトでは、多くの利用者が書き込む食べログの評価が、飲食店の人気を左右する。同様の構造は、ニュースサイトにおいてもいえる。ニュースのアクセス数ランキングは注目度が高いが、重要性の尺度は多くの人が興味を示すか否かにある。多くの人がアクセスして

（グラフ１）「情報流通インデックスの計量」調査『流通情報量』
（総務省、平成 23 年 8 月）

流通情報量

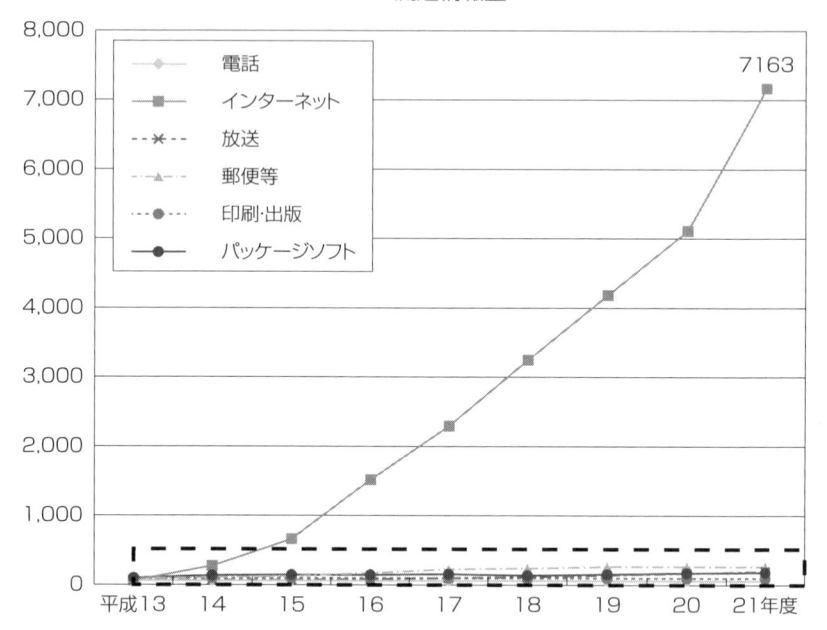

参照データ→情報流通インデックス（総務省情報通信政策研究所調査研究部）http://www.
soumu.go.jp/main_content/000124276.pdf

くれれば広告費も稼げるので、利益を上げるために、その傾向はいっそ
う強まっていく。

　二つ目は、生活者の動線上にメディアを配置することである。近年、
デジタルサイネージが注目を集めている。これは屋外・店頭・公共空
間・交通機関などの場所で、液晶ディスプレイや LED を用いた映像表
示装置など、デジタル映像機器を使用して情報発信するシステムの総称
である。富士キメラ総研の調査によると、国内デジタルサイネージ市場
規模は、2014 年に約 1,000 億円。2020 年ごろには 2,500 億円を超えると
予測されており、そのうち 5 割以上がデジタルサイネージを活用した広

（グラフ 2）「情報流通インデックスの計量」調査『消費情報量』（総務省、平成 23 年 8 月）

消費情報量

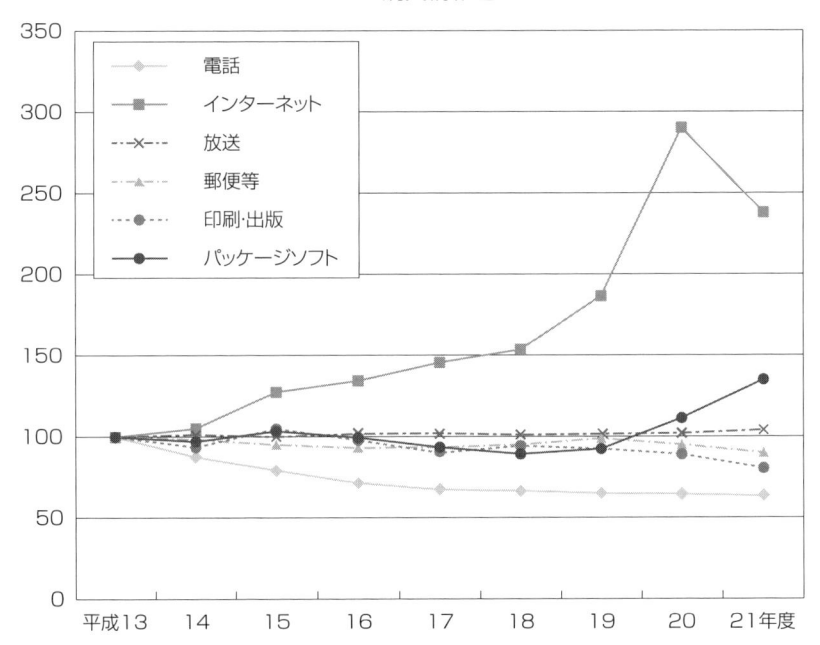

参照データ→情報流通インデックス（総務省情報通信政策研究所調査研究部）http://www.soumu.go.jp/main_content/000124276.pdf

告需要になると見込まれている。ニュースや天気予報、新商品情報など、タイムリーな露出が特徴である。

　消費者にとっては、モバイル、SNS などへの接触機会が増大している。それに伴って、広告は双方向かつリアルタイムな情報発信媒体へと変わってきつつある。今は外出先においても、モバイル PC やスマホ等を使って、タイムシフト（録画再生）視聴ができる。現在の視聴率はこの数値を含んでいないが、今後はリアルな視聴実態をもフォローしたプランニングが求められる。

■ PV 重視でリテラシー低下の恐れ

　ニュースサイトのランキング上位には、芸能人のスキャンダルなどが並び、経済ニュースや国際ニュースなどは、あまり入らない。PV を稼ぐため、さらに芸能ニュースなどの話題が増える傾向にある。ネット上で自分が関心を持つ情報ばかり集めることを「デイリー・ミー現象」と呼ぶ。『インターネットは民主主義の敵か』の著者であるキャス・サンスティーン氏は、民主主義発展の阻害要因になる可能性があると警告している。

　ランキング重視のニュースサイトに慣れすぎると、メディアリテラシーが低下し、そのためさらにマスメディア離れにつながる可能性があることには注意しなければならない。

■ネイティブ広告の可能性

　記事の形で提供される記事広告の多くが、スポンサーの意向を直接的に反映したコンテンツなのに対し、今後のネット広告の柱として注目されるネイティブ広告は、「デザイン、内容、フォーマットが、媒体社が編集する記事・コンテンツの形式や提供するサービスの機能と同様でそれらと一体化しており、ユーザーの情報利用体験を妨げない広告」と、日本インタラクティブ広告協会によって規定されている。見かけ上は記事とほぼ同一であり、会社の商品やサービスなどの直接的な宣伝は、ほとんど含まれない。企業は販売促進活動ではなく、長期的なブランディングや、業界の理解醸成を目的とする記事を掲載する。

　しかし、注意すべき点がある。アメリカでは、この手法で宗教団体のPR を行い、多方面からの批判を浴び、記述を削除する事態が起きた。透明性と中立性を担保するためのルール作りが重要となる。

　一つのヒントは、他メディアのビジネスモデルをたどることである。テレビ広告費の出稿額は、番組提供よりもスポットの割合が大きい。出稿時期を自由に設定できることもあり、その効率性が評価されてきた。

しかし近年、広告費が相対的に割安な衛星放送の視聴世帯が増加してきたこともあり、1社提供が評価されてきている。例えば、テレビ朝日の「題名のない音楽会」（毎週土曜日 10：00 ～ 10：30）は 1964 年 8 月に始まった長寿番組であるが、そのコンテンツ水準の高さが評価され、現在に至るも 1 社提供で続いている。世界観を反映し、共感を呼ぶネイティブ広告が作られれば、PV の伸びがそれほど見られないものであっても、ブランド力を向上させる点での効果は大きい。

■ネット広告業界における情報提供のノウハウ

　認知獲得とリード[注2]獲得というように、役割が違えば指標も変わる。多くの PV を取れるコンテンツは貴重であるが、BtoB のマーケティングが目的であれば、問い合わせや資料請求などのコンバージョンを計測しないと意味がない。コンテンツごとに目的を明確化することが必要である。

　モバイル PC やスマホの普及により、生活者は常時メディアに接することができるようになったが、時間帯により、拡散の度合いに違いがあるなどの特徴が見られる。

■共感型のインスタ、若い世代に人気

　SNS においては近年、インスタグラム（Instagram）の利用者が急激に伸びている。インスタグラムは他の SNS に比べて「写真に特化している」こと、そして「男性よりも女性の利用率が高い」ことの二つが大きな特徴である。また、共感型のメディアであるため、SNS で常に警戒される「炎上」が起こりにくいといわれている。

　ユーザーはおよそ 6 割が女性で、トレンドに敏感な 20 代以下の世代が過半数を占める。調査データによると、スマートフォンを所有する 20 代女性の Instagram 利用率は、短期間に大幅に増加し先行して普及していたフェイスブック利用率の 50.0％に近付きつつある（**グラフ3**）。

（グラフ3）「モバイル＆ソーシャルメディア月次定点調査（2016年7月度）」
（株式会社ジャストシステム、2016年7月26日〜8月1日）

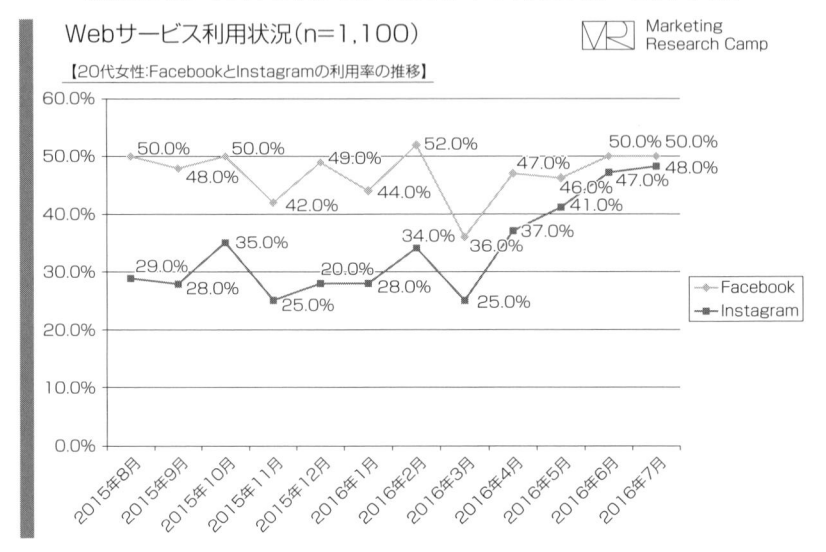

　インスタグラムを活用する企業も増えており、日本企業のアカウント開設が1万社を突破している。（注3）世代によっては、「インスタ映え」を何よりも重視し、日常でもそれを考慮して行動する。消費意欲も高く、企業のマーケティング活動に採用される割合が増えている。テレビなどの従来型マス媒体の発信が届きにくい若年層にリーチできるのが何よりの強みである。

■生活者とつながり、価値ある情報を

　ネット上の情報は無料で公開されているものが多い。コンテンツを有料化すると、閲覧数は激減してしまう。しかし、有料であっても求められる情報はある。狭く深く掘り下げることのできる領域は、マネタイズの可能性が大きい。日本経済新聞電子版が、他紙よりも購読料を高額に設定できている要因はそこにある。

　本来は限定された情報である点に価値があったのにもかかわらず、ア
ドネットワークではクリック数だけを判断基準にして、ターゲットを考
慮せず、誤操作を誘発するものも多い。一時的にアテンション（注目）
を稼げはするが、好印象を抱かれるはずもなく、広告がノイズに転化し
てしまっている。

　広告業界はアドテク（広告技術）の波に洗われ、メディアのブランド
価値と広告枠が切り離されてしまった。「広告枠」の考え方に思考が注
力されがちで、抱えた在庫量によって単価が下落し、メディア間のコス
ト競争に陥っている。記事コンテンツと同様、顧客に対し、いかに有益
な情報を提供できるかが重要な目的のはずである。

　顧客と直接つながり、コンテンツを通じてユーザーに価値を提供する
方向性の確立こそ、メディアの力量が試される課題である。独自のネッ
トワーク、生活者とのコンタクトポイント（消費者とブランドを結ぶす
べての接点）を有しないメディアは淘汰されていく。メディアが有する
固有の編集技術やノウハウは、それを確立する上で大きな武器となる。

注

(1)　「2017 年日本の広告費」（株式会社電通）
(2)　将来の契約に結び付く可能性の高い顧客情報。
(3)　株式会社ユーザーローカル 2016 年 1 月 22 日プレスリリース

◆参考文献

キャス・サンスティーン、石川幸憲訳『インターネットは民主主義の敵か』毎日新
　聞社、2003 年 11 月。

 「雰囲気産業」テレビメディアの計器盤

業界のキーマンが、面白い発言をしている。

「Abema（アベマ）TV を共同で運営するテレビ朝日ホールディングスの早河洋会長は『テレビは雰囲気産業だ』という。まさにその通りで『人気がある、面白い、勢いがある』と思われると、視聴者、出演者はもちろん、制作側も活性化する」（Abema TV に投資を続けるサイバーエージェント、藤田晋社長）。

「テレビ局は雰囲気産業ですから、1 足す 1 が 2 ではなく、5 にも 10 にもなる一方、ゼロにもマイナスにもなる。勢いがあれば一挙に変わるので、みなで社長を盛り上げなければならない」（フジサンケイグループ日枝久代表）。 共に、テレビは「雰囲気産業」だという。

誰が言い出したことなのか、調べてみた。「テレビ産業というのは、どういう訳かムード産業である。雰囲気産業といってもよい。お祭り騒ぎが大好きで、バブル崩壊後の不況も関係なしにわが世の春を謳歌しつづけてきた。世の識者から見れば、もともと幼稚でがきっぽいメディアなのだ。だからこそメディアの王様として、その社会的影響力のはかり知れないパワーを発揮しつづけてきたのだ」。『ひょうきん族』『笑っていいとも』のプロデューサーとして知られるフジテレビの横澤彪（たけし）氏が、2004 年に記していた。

この、「雰囲気産業」というテレビも、今は大きな不安を抱えている。その不安を裏付ける「診断表」が広告代理店の研究所から示されている。「メディア総接触時間の時系列推移」だ。

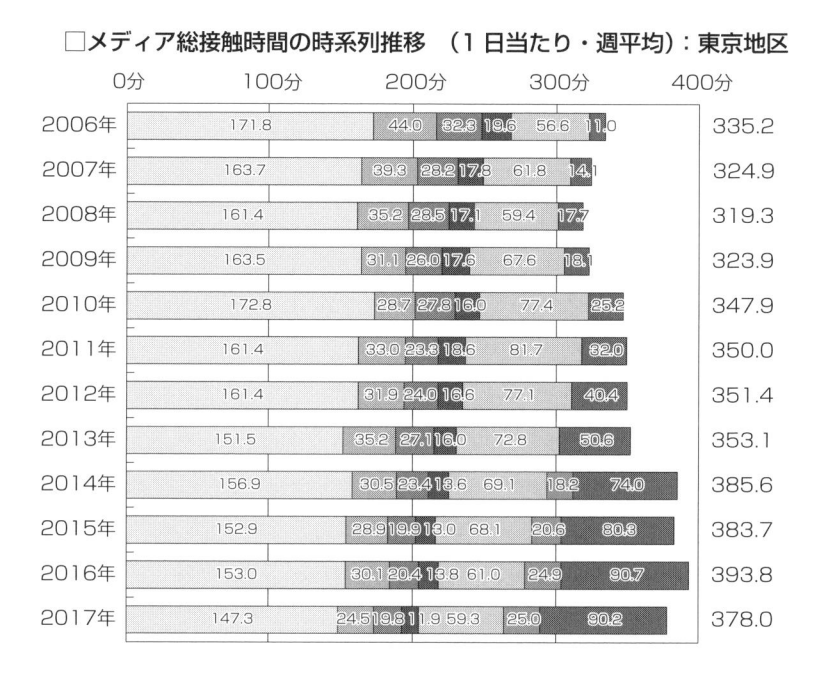

□メディア総接触時間の時系列推移　（1日当たり・週平均）：東京地区

年		計
2006年		335.2
2007年		324.9
2008年		319.3
2009年		323.9
2010年		347.9
2011年		350.0
2012年		351.4
2013年		353.1
2014年		385.6
2015年		383.7
2016年		393.8
2017年		378.0

□テレビ ■ラジオ ■新聞 ■雑誌 ■パソコン ■タブレット端末 ■携帯電話／スマートフォン

出典【博報堂 DY メディアパートナーズ メディア環境研究所「メディア定点調査2017」】

　テレビ、ラジオ、新聞、雑誌の4媒体接触時間は減少し、モバイルメディアがどんどんと接触時間を増やしている構造は、実感されている通りだと思う。

　テレビ、特に NHK は、モバイルメディアでも接触できるテレビ同時配信を推し進め、受信料の負担基盤をネット上にも広げようとしている。一方、無料放送の民放側は放送の地域性担保や経費負担増を理由に、またそもそも同時配信のニーズが高くないことから、ネット展開には消極的だ。

●自ら２次情報メディアの道へ

　今、テレビにとって重要なことは、１次情報メディアであることの意味の再確認である。１次情報メディアとは、対象に最も近く、直接接触して情報を得て、報道するメディアのこと。テレビは、少なくともテレビの報道マンは、直接取材する１次情報メディアとして誇りをもって、「夜討ち朝駆け」に代表される徹底した取材を続けてきたはずだ。また、１次情報だからこそ、情報に対して責任を持ち、読者や視聴者に届けることができた。ところが、テレビの側が掟を破ったのかもしれない。生情報番組が拡大し、より多くの情報を発信していかなくてはならなくなったテレビが取った手段が、「けさの○○新聞は…」という紙面紹介のコーナーである。テレビ局側が２次情報メディアにもなっていったのだ。この手法は、今ではテレビ側が新聞に２次使用料を支払う形で、なお隆盛を極めている。

　そして、インターネットがさらに状況を変えた。ホームページ、ブログ、ツイッターなどは、読者視聴者が１次情報メディアとして情報を発信できる場となった。

　地上波テレビは電波塔がないと情報を発信できない装置型のビジネスだ。特にテレビは免許がなければ発信できないから、限られた空間からの情報発信しか保証されない。

　しかし、技術革新、特にスマホの出現は、メディアによる報道を一変させた。動画も撮れ、すぐさまインターネットに公開できるスマホを持つ読者視聴者は、１次情報の発信者となることもできる。そもそもニュースの価値は、自らが判断できることであるから、情報を送る相手は友人だけでも、趣味を共有する仲間だけであってもよいわけである。

　現在、情報の発信は誰でも可能だ。トランプ大統領のツイッターは物議を醸すが、興味を持たれるかどうかは別として、編集なしの情報発信が可能な時代となった。そうなると、マスコミの情報収集も、編集したうえでの情報発信も、誰でもできることを行っているマスコミの振る舞

いと受け止められてしまう。1次情報を取材し、発信伝達できるメディアとして力を有した新聞、テレビの力が揺らぎ始めたわけだ。

こうなると、取材対象が1次情報発信力を持っているのだから、どのようなメディアも、必然的に2次情報メディア化が進んでいく、とも説明できる。

昨今では、SNS上に掲載されたニュース性が高いと思われる記事や画像を、AIが判断してピックアップするサービスが誕生した。テレビの映像でも、視聴者提供といったクレジットが増えている。

いまや、1次情報メディアとしての矜持を保つことができるのは、テレビで言えばドキュメンタリーのジャンルだけということになるかもしれない。

2次情報メディア化の拡大は、そもそも信用・信頼に足り得るニュースはどこにあるか、という社会不安を引き起こしかねないと筆者は思っている。筆者が小学生の時に、女子高生のたわいもない一言から金融機関の取り付け騒ぎが起こったというのを今でも覚えていて（1973年12月の事件。現存する信用金庫なので詳細は避ける）、とにかく情報というものは確たる裏付けというのを得てから流通させるものだと思っているのだが、どうやらこれは少数派のようだ。いまどきは、SNSで友人から得た情報の方が信憑性は高いと思っている若年層も多いようだ。

この状況を変えるには、読者視聴者をメディアのパートナーになってもらい、ともに1次情報の送り手となるしかない。

日本テレビ系の深夜番組「月曜から夜ふかし」では、ディレクターの長時間ロケとともに、寄せられたメール情報を基に取材に行くスタイルが人気を呼んでいる。笑いを取りに行く強引さもあるが、関東圏の局にとっては、新しいローカルニュースのようでもあり、これが全国でも人気を博す形となった。

今後、マスメディア側は、コミュニティともいえるような協力ライター、協力リポーター、協力カメラマンを求める場をうまく演出できる

かどうかが、メディアとして生き残るカギとなってくるだろう。

●部数や視聴率を超えるメディアの指標を

もう一つ、マスメディア特に紙媒体にとってさらに不利なことは、「計器盤（ダッシュボード）」がないこと、わかりやすい「指標」がないことである。

テレビの世界では視聴率、というビジネスモデルで最も重要な指標がある。番組の視聴率、瞬間最高視聴率などが有名であるが、これまでは世帯視聴率の数字が一般的に公表されてきた。放送局や番組のイメージは、この世帯視聴率で語られるのだが、実際のビジネスモデルの上ではGRP（延べ視聴率、Gross Rating Point）や個人視聴率の方が重要だ。

例えば、一定期間に100本のスポット広告を放送したいとする。100本の視聴率が平均10％だとすると、そのGRPは1000GRPとなる。平均5％なら500GRPだ。このGRPに、1GRPの単価（パーコスト）をかければ、広告料金が計算できる。新聞では1段〇〇円、ラジオでは1本〇〇円というのが基本だと聞くが、テレビの場合1本〇〇円、ということはなく、パーコスト〇〇円という形になる。

また、個人視聴率は特定の年齢層をターゲットとする広告主には重要な指標で、世帯視聴率が低くても特定の年齢層に視聴される率が高ければ価値の高いCM枠となる。2018年からは、関東地区でこの個人視聴率の合計と、放送後7日間の録画再生CM視聴率の合計が新たな広告取引の指標になる。テレビをリアルタイムだけで見る人よりも、リアルタイム視聴と録画再生を併用する人が増えたからだ。

視聴率の功罪はよく言われるが、少なくとも、ビジネスの上で指標があるから売りやすい、というメリットはある。また、少なくともどの番組が見られているか、ということはわかる。同様に、広告の反響もわかる。

驚いたことがある。新聞記者からネットニュースの現場に転職された

方の話で、新聞記者時代の記事がネットニュースで驚くほど読まれていなかったことを初めて知ったというのだ。テレビならびくびくしながら翌日発表になる視聴率データを見るのだが。

　「テレビに負けない！新しい新聞広告指標の設定」[注] の中では、「広告主の意見を聞くと、インターネット広告はクリック数などで効果が把握しやすい一方、新聞広告はその効果が見えづらいという声が多い。新聞は広告費に対してどのくらいリターン（反響）があるのかが分かりにくいというわけである」と記されている。

　テレビの業界では、もはや世帯視聴率ではなく、個人視聴率やタイムシフト視聴率、総合視聴率が新たな主流となってきているし、インターネット広告ではさらに進んだマーケティングのためのデータが提供されている。マーケティング重視、もっとわかりやすく言えばなぜこの媒体に宣伝費を使ったのかを明解に説明できる理由を、広告主の担当者は求められる。読者や広告主に迎合した記事を書けと言うのかとの誤解や批判もあるかもしれないが、少なくとも自らの記事が読者に伝わっているか、読まれているかといった確認は必要ではないかと思う。

　広告主におもねることはジャーナリズムとしてあってはならないが、読者の反応をより強く認識し、コミュニケーションを成立させるためにも、旧来のメディア側は部数や視聴率だけでない指標設定が必要ではないか。インターネット上に記事やコンテンツを公開することは受け手の反応を知る大きな手掛かりとなることを強く意識した方がよいのではないだろうか。

　自身も経験していることだが、そうはいっても特ダネや壮大なストーリーの提供こそが旧来メディアの存在意義、と思われる向きも多い。マーケティングにおもねるとろくなことはないという声もある。しかし、デジタル時代にライバルは「計器盤」や「指標」を持っている。これらを持たずに航海を続けることには、相当な勇気が必要なのだろう。

注

（注）　日本新聞協会広告委員会「第5回私の提言－明日の新聞広告・新聞ビジネス」
　　　（2014）入選作より

第3章

ニュースメディアの経営論

◎藤井建人

新聞社の経営危機をあおる論調が目立ち、メディア経営を巡る議論は沸騰しているにもかかわらず、その実態はそれほど明らかではない。業績を公開しないメディア企業も多く、中の様子が見えにくいこともあって、具体的な経営データに基づく論考が少ないからだ。新聞社の経営はどのような状態なのか、報道のパワーは本当に落ちているのか、デジタル時代におけるメディア経営のあるべき姿とはどのようなものか。本章では、公開されている客観的な経営データをベースに、新聞業界、個々の新聞社、そしてネットメディアとの比較という三つの視点から、メディア経営の実態解明に迫る。

 ## 新聞業界の全体像

■ 21 世紀の売上高ピークは 2005 年度

現在の集計基準に移行した 2002 年度以降、新聞社総売上高のピークは 2005 年度の 2 兆 4,188 億円（**グラフ 1**）。インターネットが普及を続けていた 2004、2005 年度にも、2 年連続で増加していた。しかし、その 2005 年度をピークに売上高はその後 5 年連続で減少、2010 年度には 2 兆円台を割り込む。2011 年度にいったん下げ止まったが、以降は再び 5 年連続減少し、2016 年度には 1 兆 7,675 億円とピーク時の 73% 規模になった。

長期にわたる市場の縮小に伴い、新聞社の採算性と収益構造はどのように変わったか。

まず、新聞事業単体の収益性を考えるため、本業の稼ぐ力を表す「売上高営業利益率」（売上高に占める営業利益の割合）を見てみたい（**表 1**）。2006 年度までは 4 ～ 5% 台の高さがあった。しかし、2007 年度に 3% 台に低下、2008 ～ 2009 年度は赤字こそ免れたものの 1% 未満に落ち込み、大手新聞社の赤字転落も報じられ、新聞社経営の行方に注目が集ま

グラフ1　新聞社の総売上高

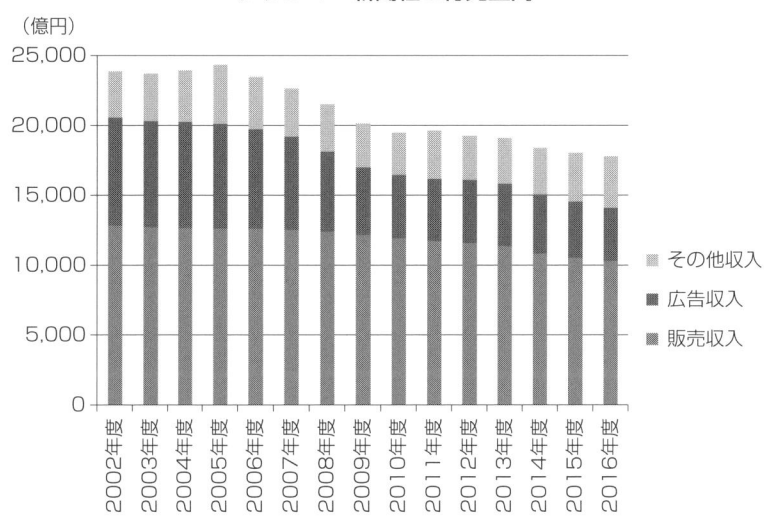

出典：日本新聞協会「新聞研究」

　るようになった。

　採算性が低下したのは、広告収入の急減に経費削減が追い付かなかったからである。1990年代に売上高の4割まで広告への依存度を高めていて、当時も3割を依存していたところに金融危機が訪れた。また、新聞社の収支構造上の特性も一因だ。知的労働集約業務と装置産業の両面を併せ持つため、売上高に比例して増減する変動費が少ない。つまり人件費や設備費などの固定費が多く、経営環境の急変に対応しにくいのである。

　2008〜2009年は世界的な金融危機の影響で、新聞社の広告収入は2年連続で約15%（年額約1000億円）減少した。しかし、この世界的不況の2年間にあっても、新聞社の販売収入は0.9%減（2008年度）、1.9%減（2009年度）と極めて軽微な減少に留まった。一般紙の発行部数も同様に0.9%減（2008年度）、1.9%減（2009年度）と、不況下とは思えない微減だった。日本独特の定期購読と結び付いた戸別宅配制度が新聞

社経営を支えたのである。つまり 2009 年度までの業績低下は、ニュース媒体としての価値低下によるものではなく、広告媒体としての相対的な価値低下が主要因であったといえる。

　その後、各社による人件費と製造費の削減が功を奏し、営業利益率は 2010 年度 2.6％、2011 年度 3.2％、2012 年度 4.2％と持ち直す。早期退職優遇制度に踏み込んだ新聞社もあり、コスト削減を主とした対策は即効性を持って目に見える業績改善効果として表れた。

■売上高の変動の影響を受けやすい経営体質

　しかし、その後も売上高は好転しなかったため、効果は長続きしなかった。広告収入の減少基調に、販売収入の本格的な減少が加わったのである。営業利益率は 2014 年度に 3％台、2016 年度は 2％台に低下した。2014 年度は消費増税による価格上昇を嫌ったためか、一般紙が恐らく初となる 3％を超える大幅な部数減少を記録、2015 ～ 2016 年度も 2％超の減少となった。

　新聞、特に一般紙は元来、国民生活に不可欠な情報メディアとして不況に強く、2013 年度以前に 3 年連続 2％以上の部数減少を記録したことはなかった。一般企業の場合、1 年間で売上高が 5％幅に及ぶような増減は日常的だが、新聞社においては、2％幅の増減であってもインパクトは大きい。習慣性の強い商品であり、購読の有無は、生活者の日常における情報摂取のライフスタイルに大きく関わる。定期購読からの離脱者は、新聞を必要としないライフスタイルに移行した可能性が高く、再購読への回帰は一般的なコモディティ商品より難しい。

　広告媒体としての価値だけでなく、ニュース媒体としての価値も低下した 2014 年度以降の業績下降は、2008 ～ 2009 年度よりも深刻だと見ることができる。一方、販売収入、広告収入に次いで第 3 の収入と呼ばれる「その他収入」は順調に増えており、数年後には広告収入との逆転が視野に入るなど新たな成長分野を形成しつつあって一つの道筋を示し

表 1　新聞社の経営指標

年度	収益性			成長性		生産性			安全性		
	営業利益率	経常利益率	総資本回転率	売上高伸び率	発行部数伸び率	1人当り売上高	1人当り発行部数	1人当り機械額	自己資本比率	流動比率	固定長期適合率
	%	%	回	%	%	万円	部	万円	%	%	%
2004 年	4.5	4.9	0.9	0.9	0.3	4,372	974	494	38.6	122.6	92.6
2005 年	5.2	5.6	0.9	1.6	△0.9	4,591	998	463	42.8	113.6	95.6
2006 年	5.1	5.6	0.8	△3.6	△0.5	4,463	1,001	459	44.6	117.1	94.9
2007 年	3.7	4.3	0.8	△3.6	△0.5	4,418	1,022	495	45.8	121.8	93.8
2008 年	0.4	0.9	0.8	△4.9	△1.0	4,274	1,029	469	46.1	128.6	92.6
2009 年	0.3	1.0	0.7	△6.4	△2.2	4,080	1,026	438	45.3	127.1	93.0
2010 年	2.6	3.2	0.7	△3.2	△2.0	4,097	1,043	393	45.4	130.4	92.0
2011 年	3.2	3.7	0.7	0.8	△2.0	4,250	1,052	342	47.4	146.0	87.9
2012 年	4.2	4.8	0.7	△1.9	△1.2	4,260	1,063	316	49.5	150.1	87.5
2013 年	4.0	4.8	0.7	△0.8	△1.6	4,347	1,075	309	51.7	148.6	88.0
2014 年	3.7	4.6	0.7	△3.9	△3.5	4,223	1,049	282	53.1	165.7	85.4
2015 年	3.7	4.7	0.6	△1.9	△2.5	4,196	1,037	238	50.3	123.3	93.0
2016 年	2.6	3.5	0.6	△1.3	△2.2	4,183	1,024	237	51.1	157.3	87.5

出典：日本新聞協会「新聞研究」データ等を参考に作成（本表を含め、本章の各種データは回答社数の異なる各種調査データを併用して算出・分析・比較を試みているため、厳密には整合しない部分もある）。

ている。

■生産性の維持・向上による利益確保への戦略転換

　生産性とは、投入（input）に対する産出（output）の効率であり、企業経営においては高ければ高いほどよい。企業では、人員や設備などの経営資源が事業活動へ投入されることで付加価値が生まれていく。新聞社のような知的活動を多く含む企業の生産性測定は簡単ではないが、それでも定量的に捉えることが望ましい。

　新聞社従業員の 1 人当り売上高は、2016 年度で 4183 万円（**表 1**）。2000 年代の最高は 4591 万円（2005 年度）、最低は 4080 万円（2009 年度）で、増減を繰り返しながらも長期的には緩やかな減少傾向にある。2001 ～ 2007 年度の平均額である 4360 万円が、リーマンショックを挟んで 2010 ～ 2016 年度には、3.2％減の平均 4222 万円に低下した。しかし、新聞社の総売上高（2016 年度）がリーマンショック前（2007 年度）より 21.4％減少したのに、1 人当り売上高の減少が 3.2％と小さい

のは、従業員数が17.0％減少したためだ。売上高の減少に人員削減で対応し、売上高生産性を維持して利益を確保する「縮小均衡戦略」を採ったことがわかる。

生産性重視の戦略は、1人当りの販売部数にも表れている。2001〜2007年度の平均だった972部は、2010〜2016年度には平均1049部に7.9％増加した。部数の減少率を上回るペースで人員削減が進み、販売生産性が押し上げられたといえる。

しかし、1人当り販売部数の増加が、先述の1人当り売上高の増加に結びついていない点に大きな課題を見出せる。生産性の維持・改善は人員削減によってなし得るが、広告媒体としての価値低下を補完するような、創造性ある施策の創出には至っていない。

「1人当り機械額」は従業員1人当りが保有する機械装置額を指し、企業の自動化・機械化の進展度を示す。新聞社は長らく400万円台で推移し、2007年度に近年の最大となる495万円を記録して以降は9年連続で減少。2016年度は2007年度の半分以下の237万円に減少した。1人当り機械額の低下傾向からは、設備投資の抑制傾向だけでなく、設備の老朽化や更新投資の停滞、機械化・自動化の遅れなどが懸念される。

設備投資を先送りすれば、長期的な成長性を犠牲にして短期的な収益性を高めることができるが、それでは未来を描けなくなる。印刷の外部委託が進展したために良い意味で1人当り機械額が減少した面もあるが、投資なくして成長はなく、従業員数の削減に依存しない形の生産性向上が好ましい。

■新聞業界全体としての経営基盤は安定、資本の運用面に課題

「自己資本」とは返済義務のない自己資金であり、その多さは財務構造の安全性の高さを意味する。新聞社の自己資本比率は51.1％と高く、業界全体としての財務構造は健全といえる。また、1年以内に返済義務の訪れる短期借入金の返済能力をみるのが「流動比率」で、これも

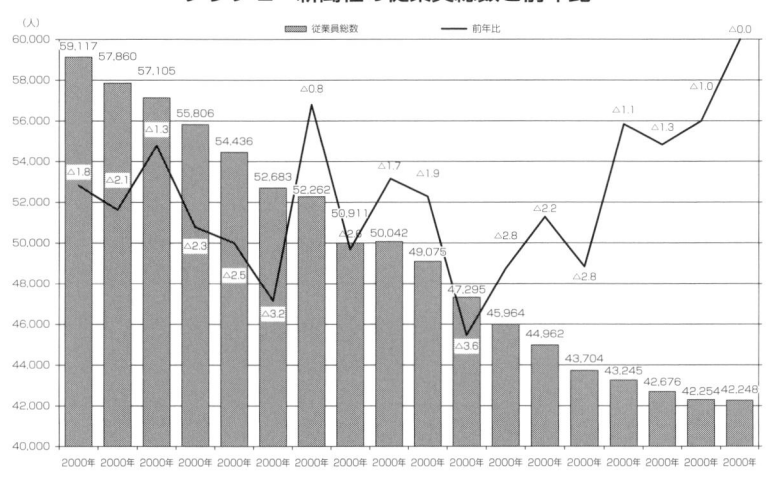

グラフ2　新聞社の従業員総数と前年比

出典：日本新聞協会『新聞研究』

157.3％と100％を大きく上回る水準にあって高い短期返済能力を有している。1年以上の長期に資金が固定される固定資産を、長期借入金と自己資本で賄えているかをみるのが「固定長期適合率」。これは100％を下回った方がよいが、87.5％とこれも適切な水準にある。自己資金、短期返済能力、長期返済能力の3つの要素全てにおいて、新聞社の財務構造に大きな問題点を見つけることはできない。

　長年の資本蓄積と近年のコスト削減によって、相当程度の赤字が続いても耐えうる財務健全性は確保されている。ただし、あと売上高が何％下がると収支が±0になるかを示す「安全余裕率」は、2004年度の推定12.2％が2016年度は推定5.7％に低下した。経営努力によって損益分岐点売上高は改善し続けており、財務構造に問題点もないが、従業員数の減少率が次第に小さくなるなどコスト削減余地が狭まって、予断を許さない状況に近づいていることには留意する必要がある（**グラフ2**）。

　課題は財務面ではなく、むしろ潤沢な資産を運用しきれていない運用面も大きい。保有総資産の売上高への変換効率を表す「総資本回転率」

は、一応の目安とされる 1.0 を下回る 0.6。2000 年度には 1.0 の高さがあったが、売上高の減少と利益蓄積による総資産の増加によって低下した。これは推定 2.9 兆円の資産を持ちながら、1.8 兆円の売上高しか生み出せていないことを意味する。

　あくまでも推定 2.9 兆円は簿価であり、時価ベースではさらに多いと見られるため、実質的な総資本回転率はさらに低いはずだ。新聞各社は不動産事業の収益化を進めており、土地を持たない新興企業には垂涎の的ともいえる規模と好立地の資産を有している。それぞれ数千億円規模に及ぶ建物構築物、土地、投資等の運用は、大きな可能性を秘めた課題となっている。

 新聞５社の経営分析

　次に、個々の新聞社の経営分析に取り組んでみたい。いわゆる日刊新聞紙法は新聞社の株式公開を禁じているが、透明性確保の観点から自主的に決算情報を公開している新聞社がある。朝日新聞社、日本経済新聞社、西日本新聞社、神戸新聞社、岩手日報社の５社で、各社の公開している数字を手掛かりに考える。

■広域紙より県紙、一般紙より専門紙

　５社の経営データを見ると、売上高は朝日と西日本の落ち込み幅が大きく、両社とも４年以上減少し続けている（**表２**）。半面、日経は３年

表２　新聞社５社　主要経営指標（単体）

	単位	朝日新聞社	日本経済新聞社	神戸新聞社	西日本新聞社	岩手日報社
売上高	百万円	262,393	188,778	25,556	24,736	9,298
販売部数	千部	6,113	2,625	501	628	201
情報・広告系	%	90.1	97.4	92.6	94.1	94.4
不動産系	%	6.0	—	6.3	5.9	—
その他	%	3.8	2.6	1.1	—	5.6
売上高構成比	%	100.0	100.0	100.0	100.0	100.0
売上高伸び率	%	△4.5	4.5	1.0	△4.3	0.6
部数伸び率	%	△4.6	△3.6	△2.0	△4.0	△2.3
売上原価率	%	65.1	57.7	74.3	64.3	59.5
営業利益率	%	1.1	5.3	4.1	0.5	△3.5
経常利益率	%	2.5	5.8	4.5	1.8	△3.3
自己資本比率	%	47.6	51.9	24.8	45.8	32.5
１人当り売上高	万円	6,646	7,497	5,259	3,440	3,535
決算期		2017年3月	2016年12月	2016年11月	2017年3月	2017年3月

出典：日本ABC協会「新聞発行社レポート」2017年下半期平均販売部数
各社有価証券報告書を参考に作成（売上高構成比のみ連結）

連続の増加、神戸と岩手日報は3年ぶりの増加に転じた。こうした傾向から、経営状況は新聞社ごとに大きく異なること、広域紙（全国紙・ブロック紙）よりは県紙、一般紙よりは専門紙と、一定の部数を持ちながら独自の事業領域を持つビジネスモデルの方が構造不況の影響を免れやすいことが推定される。朝日が「競争エリアの中から勝つべきエリアをさらに絞り込む」(注1)戦略を掲げていることもうなずける。

　営業利益率には事業領域の違いがさらに鮮明に表れる。日経と神戸、岩手日報は大型投資などによる一過性の支出がない限り、ほぼ3%以上の高さを維持している。日経が5年連続5%以上、神戸が4年連続4%以上の高さであることは特筆される。両社ともデジタル会員収入の伸びに加え、日経は情報事業の高収益性、神戸はデイリースポーツ関連の好調さが収益に貢献している。

　対照的に朝日と西日本はこの5年間、一度も3%台に乗っていない。売り上げの落ち込み幅が3年連続3%以上の大きさであるうえに、原価率が63%以上に高止まりしていることが共通要因だ。既存事業が下げ止まらないこと、新たな収益軸の育成が進んでいないことから、固定費負担の重さが増している。

■ユニークな神戸の財務構造

　財務構造は神戸がユニークだ。自己資本比率（24.8%）は朝日・日経のほぼ半分以下と低く、一見すると不安定そうだが、果敢なグループ再編と印刷の外部化、デジタル化、地域密着化によって、着実に利益を積み上げている。印刷を外部化すると、設備を資産に計上しないオフバランスができ、経営資源を本業へ集中させることが可能になるため、経営は機動的になる。

　朝日は販売部数の多さと生産性の高さを収益性に結びつけることが課題だ。中之島フェスティバルタワーの竣工など不動産事業の収益化は進むが、本業の落ち込みと人件費の多さを吸収するには十分ではない。西

日本は新聞事業の生産性の低さを、不動産事業の収益性の高さで補う形で黒字を保っている。新しく導入した輪転機による生産性向上策が期待されるほか、新聞以外の成長分野に事業領域を広げる経営の多角化方針を、中期経営計画に打ち出している。

 ネットメディアとの比較

■ウェブのニュースに三つの機能

　新聞社とネットのニュースメディアとの経営比較もしてみたい。メディア経営における紙とデジタルには、どのような違いがあるのだろうか。この問いに対しては、ジャーナリズムの視点から直感的に語られることが多く、定量的な分析をもって論じられることはほとんどなかった。なお、ネットメディアの多くはニュースに課金してはいないが、ニュースで客を引きつけ広告で収入を得ており、ニュースを主たる商品として扱っていることに変わりはない。ユーザーがニュースを無料で見られるのはクリス・アンダーソンが指摘する三者間市場によるものであり、実質的なコスト負担者はユーザー自身だからである。

　観察すると、商用ウェブサイトにおいて、ニュースは三つの機能を持つと考えられる。一つ目は、常に新しい情報鮮度を持つ強力なマグネット商品としてユーザーを引き付ける機能。二つ目は、ユーザーをサイト内の各サービスやコンテンツへ散らし誘導するシャワー効果の機能。三つ目は、サイトに信頼性を与えるブランド機能である。

　近年は株式上場するネット企業が増え、その経営実態が見えてきた。全体に拡大解釈するにはサンプル数が少ないかもしれないが、紙とデジタルの横断的な分析比較を通して、メディア経営の在り方を探る手掛かりを得ることはできる。

　新聞社には朝日、日経、神戸、西日本の4社。ネットメディアもヤフー、LINE、グノシー、ユーザベース（ニューズピックス）の4社とする（**表3**）。これら4社の平均売上高は近いので比較しやすいのである。紙とデジタル両者ともニュース以外の事業を数多く含むが、ニュースビジネスに限った業績だけを取り出すことはできない。そこで、でき

るだけメディアビジネス同士の同基準比較に近づけるべく、原則として
単体決算ベースで比較する。

■規模と財務の違いからみるビジネスモデルの違い

　売上高の1社平均は新聞社1254億円、ネット1311億円。1社当りの
従業員数は新聞社1918人、ネット1839人。総資産は新聞社2474億円、
ネット3295億円となる。ただし、ネットはヤフー1社が平均を大幅に

表3　新聞社とネットメディアの経営指標比較

[1] 損益計算書　　　　　　　　　　　　　　　　　　　　　　　　　　　　　　　　　　　単位：%

		新聞社4社	朝日新聞社	日本経済新聞社	神戸新聞社	西日本新聞社	ネット4社	ヤフー	LINE	Gunosy	ユーザベース
売上高		100.0	100.0	100.0	100.0	100.0	100.0	100.0	100.0	100.0	100.0
	労務費	18.0	20.8	14.3	14.4	22.6	(6.3)	—	7.7	4.4	(13.2)
	材料・仕入費	14.0	12.9	9.3	17.9	15.8	0.1	—	0.5	—	—
	その他経費	33.3	31.4	34.0	42.0	25.9	(32.2)	13.2	50.6	33.5	(31.5)
	売上原価	65.3	65.1	57.7	74.3	64.3	38.7	13.2	58.9	37.8	44.7
売上総利益		34.7	34.9	42.3	25.7	35.7	61.3	86.8	41.1	62.2	55.3
	人件費	7.6	6.8	7.5	5.9	10.3	7.2	6.5	7.0	4.6	10.7
	その他経費	24.3	27.1	29.6	15.7	25.0	33.3	34.9	26.0	36.0	36.4
	販売費・管理費	32.0	33.9	37.1	21.6	35.2	40.5	41.3	33.0	40.6	47.1
営業利益		2.7	1.1	5.3	4.1	0.5	20.8	45.5	8.1	21.6	8.1
	営業外収支	0.9	1.4	0.5	0.4	1.3	0.2	0.6	1.1	0.1	△0.8
経常利益		3.6	2.5	5.8	4.5	1.8	21.1	46.1	9.2	21.6	7.3

[2] 貸借対照表　　　　　　　　　　　　　　　　　　　　　　　　　　　　　　　　　　　単位：%

		新聞社4社	朝日新聞社	日本経済新聞社	神戸新聞社	西日本新聞社	ネット4社	ヤフー	LINE	Gunosy	ユーザベース
	流動資産	22.6	19.3	14.5	25.4	31.3	73.6	55.7	63.6	79.7	95.2
	固定資産	77.4	80.7	85.5	74.6	68.7	26.4	44.3	36.4	20.3	4.8
資産合計		100.0	100.0	100.0	100.0	100.0	100.0	100.0	100.0	100.0	100.0
	流動負債	17.0	11.6	11.3	30.9	14.4	22.1	15.6	30.8	15.7	26.5
	固定負債	40.4	40.8	36.8	44.4	39.8	2.6	4.0	0.2	0.3	6.1
	負債合計	57.5	52.4	48.1	75.2	54.2	24.8	19.6	30.9	15.9	32.6
	純資産	42.5	47.6	51.9	24.8	45.8	75.2	80.4	69.1	84.1	67.4
負債純資産合計		100.0	100.0	100.0	100.0	100.0	100.0	100.0	100.0	100.0	100.0

[3] 経営指標　　　　　　　　　　　　　　　　　　　　　　　　　　　　　　　　　　　　単位：%

	新聞社4社	朝日新聞社	日本経済新聞社	神戸新聞社	西日本新聞社	ネット4社	ヤフー	LINE	Gunosy	ユーザベース
売上高伸び率	△0.8	△4.5	4.5	1.0	△4.3	38.6	8.2	21.0	64.4	60.9
売上原価率	65.3	65.1	57.7	74.3	64.3	38.7	13.2	58.9	37.8	44.7
総資本回転率（回）	0.6	0.6	0.4	0.8	0.7	0.6	0.4	0.5	0.8	0.9
自己資本比率	42.5	47.6	51.9	24.8	45.8	75.2	80.4	69.1	84.1	67.4
売上高（億円）	1,254	2,624	1,888	256	247	1,311	4,068	1,070	75	31
従業員数（人）	1,918	3,948	2,518	486	719	1,839	5,826	1,227	116	190
1人当り売上高（万円）	5,711	6,646	7,497	5,259	3,440	5,972	6,982	8,723	6,560	1,622
決算期		2017年3月	2016年12月	2016年11月	2017年3月		2017年3月	2016年12月	2017年5月	2016年12月

出典：各社の有価証券報告書から作成

（※1. 人件費は株式報酬費用等を含む実質の推計　※2. ユーザベースのみ連結、（　）数値は単体による参考）

図1　新聞社とネットメディアの収支構造の違い

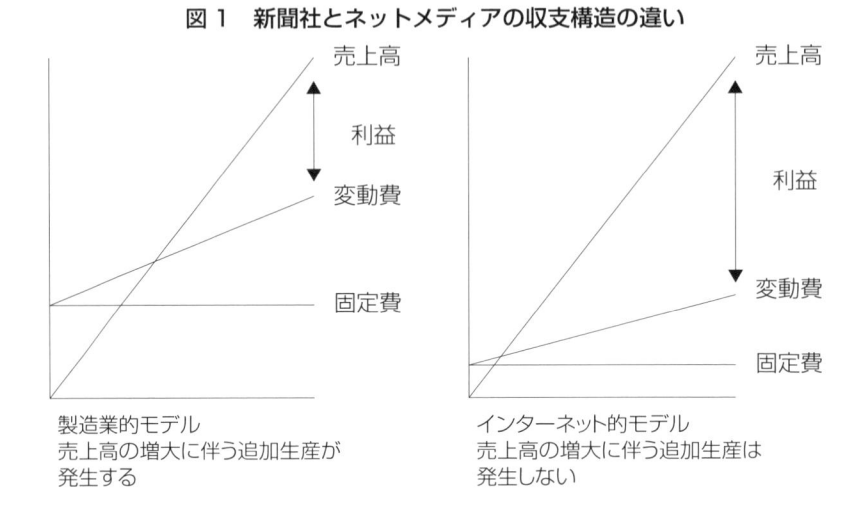

製造業的モデル
売上高の増大に伴う追加生産が
発生する

インターネット的モデル
売上高の増大に伴う追加生産は
発生しない

引き上げているため、単純な大きさの比較はあまり意味を持たない。

　とはいうものの、今回のサンプル4社平均の企業規模は拮抗しており、既にネットが新聞社に匹敵する企業規模を持ち始めていることがわかる。総資産にいたっては、高収益の蓄積と株式上場による資本調達によって、ネットが30％以上も新聞を上回る大きさとなっている。

　財務構造をみると、両者とも返済義務のない資本の割合を表す自己資本比率は一定水準を有し、経営の安全性は確保されている。流動資産と固定資産の割合は、ほぼ正反対の新聞社2：8、ネット7：3。資産構成から新聞社は装置産業的であること、ネットは情報通信業的であるという事業本質が浮かび上がる。

　そして固定負債は、新聞社が総資産の4割にのぼる一方、ネットは2.6％しかない。新聞社は過去の設備投資に要した借入金や、退職給付引当金などのレガシーコストが多く、一方のネットは業歴が浅いうえにストックオプションなど財務構造に負担の小さい従業員還元手法を用いていることによる違いといえる。新聞社の財務構造に大きな問題点を見つけられないと前述したが、もし問題を指摘するとすればこのレガシー

コストの多さであろう。

■売上高の成長性と内訳から見るビジネスモデルの違い

売上高は新聞社が0.8％のマイナス成長、ネットは38.6％のプラス成長と、その差は途方もなく大きい。スタートアップ企業は母数が小さく、起業直後は成長性が高くなることを割り引く必要はあるものの、売上高が増加しても追加生産が発生しないネットの無形性は、ビジネス拡大期における成長の早さと、収益化の早さに有利に働いている（**図1**）。グノシーが早くも5期目にして一定の安全性と収益性、成長性を備える企業体を形成していることは象徴的だ。

ネットの成長性の一端は広告の伸びが支えている。売上高に占める広告の割合は新聞社22％、ネットは推定35％と、その差は1.6倍近くに開いている。ヤフーは鈍化傾向だが、LINEとグノシーの伸びは引き続き高い。単にニュースを表示するだけでなく広告効果の追求にまで注力して、広告主の期待に応えようとするソリューション型の姿勢も成長要因に挙げられよう。ニューズピックスは単に広告枠の販売にとどまらず、企業のブランド価値を向上させる広告プログラムを用意している。[注2]

■装置産業としての新聞、その強みと弱み

次に、百分比に単純化した「損益計算書」で収益性を比較してみよう。着目すべきはネットの営業利益率が新聞社より7.7倍も高いことである。結論からいえば、この大きな開きは新聞社の売上原価がネットより格段に多いことから生まれている。

ネットと比較した新聞社のコストは、売上原価（生産と仕入にかかるコスト）が1.7倍と多い一方、一般費および販売管理費（営業及び管理にかかるコスト、以下、販管費）は0.8倍と少ない。原価率の高さは製造業の側面が強いことを物語っている。新聞を一つの工業製品として見た時、新聞社は日々の製品の企画、制作、製造、品質管理の長大な工程

を全て自前で賄っている。取材から印刷までの一貫生産体制は降版時間を極限まで遅くして、ニュースの信頼性と速報性を高めるバッファを生み出してきた。莫大な投資を要する印刷工場を持つことは、新規参入障壁としても機能してきた。

ニュースを早く正確に届けるため、印刷はもちろん、テレビ、キャプテンシステム、ファクシミリ、ポケベル、CATV など情報メディア研究の最先端に常にいて、機動的な資本政策と技術導入によって新聞社を核としたメディアコンツェルンを形成した。読売新聞は 900 万部近い新聞を発行するが、毎日 900 万個が確実に消費される商品が日本にいくつあるだろう。その生産能力とネットワーク、影響力は驚異的である。

しかし人口動態の変化やネットの影響もあって売り上げが落ち始めると、記者や工場人員、設備など、固定費負担の収入に占める割合が高まって利益を圧迫する。装置産業であるが故の強みが部数減少局面では弱みとなる。新聞社のような典型的な収穫逓増型産業は多く作るほどコストダウンするが、減る時には逆効果として相対的なコストアップを発生させてしまう。

■ニュース生産コスト負担のアンバランス

バリューチェーン（付加価値の連鎖）とは、企業の競争優位性を考えるために各工程が生む価値を分割して分析、全社利益の最大化を検討するためポーターが提唱したフレームワークである。新聞事業のバリューチェーンでは、生産工程に半分以上の人的資源が配分されている（**図2**）。新聞事業における生産は大きく分けて 2 段階あり、一つは情報を確定記事としてのニュースにすることである。編集会議〜取材源の選定〜取材〜裏取り〜執筆〜推敲〜デスクによるチェック〜校閲を経て、品質の確保されたニュースが生まれる。この段階ではデジタルで展開可能な無形コンテンツとしての価値を持つ。このデータが工場で大量生産されることで、印刷コンテンツとしての価値を持つに至る。ここまでのプ

図２　新聞社のバリューチェーンイメージ

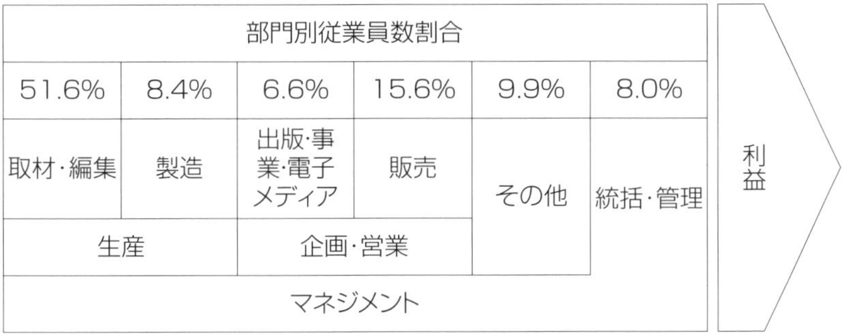

部門別従業員数割合						利益
51.6%	8.4%	6.6%	15.6%	9.9%	8.0%	
取材・編集	製造	出版・事業・電子メディア	販売	その他	統括・管理	
生産		企画・営業				
マネジメント						

出典：日本新聞協会「従業員数・労務構成調査」より藤井作成

ロセスに、新聞社の人的資源の半分以上が投じられている。

　一方、ヤフーニュースの部門人員は約120人と伝えられるが、同社の従業員数は5826人いる。[注3] 品質の確かなニュースを仕入れることで生産コストの増大を回避する戦略が取られているといえる。2012年に立ち上がった「ヤフー！ニュース　個人」も同様の意図を持つことが推測される。

　ヤフーはジャーナリズムの視点を持つ人材がニュースの収集と選別、編集を行うが、スマートニュースやニューズピックスなど近年のニュースアプリは、ファクトチェックも含めたこれらのプロセスをAIなどに委ね始めている。LINEは一部編成権をメディアに開放する選択をした。ニュース生産に要する莫大なコストの軽減と転嫁が業界横断的な課題になる中、新聞社はコストの負担側に回ってしまったともいえる。

　新聞社は経営資源の多くをニュース生産（ジャーナリズム）に集約しているが、ネットはニュース生産に要する経営資源をコマーシャリズムに投入し、自社サイトの認知度向上と広告効果の最大化、サービス向上に振り向けている。新聞社とネットの間には、ジャーナリズムとコマーシャリズムへのスタンスの違いと、経営資源配分の違いが存在し、これが利益率の大きな差を生んでいると考えられる。

　売上原価面では圧倒的な優位性を持ちながらも、販管費は新聞社が若干ながら優位なことも、このことを裏付けている。新聞社は販売費と物流費の比重が高い一方、ネットは広告宣伝・販売促進費、業務委託料、支払手数料の比重が高い。公開書類からは明確にわからないが、情報使用料なども販管費の一定程度を占めていよう。

■ニュースメディアのより健全な発展のために

　経営データを用いて新聞業界、個別の新聞社、そしてメディア経営における紙とデジタルの比較を行い、デジタル時代のメディア経営について考察した。新聞社とネットの業績の違いは、決してデジタルだから有利、紙だから不利という直感的なものではなく、戦略や先行き見通し、経営資源配分やニュースの社会性に対するスタンスの違いなど様々な要因が複合的に作用した結果である。これまで新聞社は広告媒体としての価値低下（2008年）、ニュース媒体としての価値低下（2014年）に直面してきた。これからは無読世帯の増加、販売店の人手不足、取材源へのアクセス拠点の多さゆえのネットワーク効率の低下が克服すべき課題になると思われる。

　諸外国と比較して1紙当りの部数が多く、安定した読者を持つ日本独自の新聞ビジネスモデルは、①一貫生産体制、②戸別宅配制度、③全国紙と地方紙の共存、④再販売価格維持制度、から形成されてきた。日本で安易に新聞社経営の危機が論じられる場合、こうしたビジネスモデルへの理解が不十分であることが多い。日本で米国に見られるフェイクニュースによる混乱がないのは、テレビや新聞をはじめとしたマスメディアによるファクトチェックが健全に働いているからだ。日本の新聞がニューヨーク・タイムズのように短期間で部数が半減しないのは、全国津々浦々まで張り巡らされた戸別宅配制度によるものだ。一方で、従来の新聞ビジネスモデルは変革の阻害要因にもなり得る。これからはビジネスを抜本的に見直すスタンスも求められるだろう。

　競争だけでなく、印刷の集約化に見られるような同業間の連携による合理化を進める余地もある。各紙の独自性や地域性、専門性などの差別化がより問われるようにもなる。画一的なニュースでは同質化競争に陥ってニュースの価値を自ら減じてしまいかねない。新聞社自身の経営構造改革を進める必要があるとともに、新聞社の持続的なニュース生産が可能になるようネットとの共存体制を考えていく必要があるだろう。

　ネットのニュースメディアと比較して考えた場合、新聞社にはさらに検討すべき課題があるように思われる。それは、ニュース生産に要する莫大なコストへの意識、そしてニュース販売に際しての適切な価格設定、映画や音楽の配信に見られる排他的あるいは効果的なマネタイズ手法などのマネジメント面とマーケティング面である。収益源の分散と独立なくして健全なジャーナリズムは成り立たない。そして、デジタル時代の新聞社経営におけるジャーナリズムとコマーシャリズムのベストミックスのあり方も、もっと考えられてよい。ジャーナリズムとビジネス分離の原則など、議論や制約はあろうが、記事を書いた後、広告を売った後の、その先の社会的課題・地域的課題の解決に積極的に関わっていくソリューション・ジャーナリズムの視点がもっと論じられてもよい。新聞販売部数は減少しているが、本章での経営視点での考察を通じてもわかるように、ニュースの価値はいまも毀損していない。ニュースを起点にしたビジネスの可能性はさらに限りなく広がっている点に考えを及ぼしていきたい。

謝辞

　本章では日本新聞協会のデータを多く活用した。一般社団法人日本新聞協会に深謝する。また、透明性の観点から有価証券報告書を自主的に開示している新聞社（朝日新聞社、日本経済新聞社、西日本新聞社、神戸新聞社、岩手日報社）の経営姿勢に敬意を表する。最後に公益社団法人日本印刷技術協会研究調査部のスタッフに感謝する。

（注）

(1)　株式会社朝日新聞社、第 164 期有価証券報告書、p10.

(2)　NEWS PICKS、MediaGuide 2018.1〜3

(3)　ヤフー株式会社、第 22 期有価証券報告書、p12.

(4)　LINE 株式会社、プレスリリース、2017 年 7 月 12 日

◆参考文献

M・E・ポーター『競争優位の戦略』、ダイヤモンド社、1985 年

秋山哲「文字メディア＜情報＞化の現状と展望」、奈良産業大学『産業と経済』第 17 巻第 1 号、2002 年

秋山哲「新聞社はどのように＜情報＞事業に進出してきたか－新聞協会調査 18 年の分析－」、奈良産業大学『産業と経済』第 17 巻第 4 号、2002 年

クリス・アンダーソン『フリー —＜無料＞からお金を生みだす新戦略』、NHK出版、2009年

山口不二夫「新聞業の経営分析－神戸新聞と西日本新聞の事例による地方新聞の経営と経営分析技法－」、明治大学社会科学研究所紀要 48（2）、2010 年

藤代裕之『ネットメディア覇権戦争』、光文社新書、2017 年

北原利行「地方紙が地域課題解決の核に、カギは当事者報道にあり」、Journalism No.326、朝日新聞社、2017 年

内山隆「コンテンツ論と経営戦略／政府戦略」、NextcomVol.32、株式会社 KDDI 総合研究所、2017 年

大場吾郎「映画コンテンツ公開の変容－ウィンドウ戦略の再構築」、NextcomVol.32、株式会社 KDDI 総合研究所、2017 年

松浦茂樹「オンラインニュースメディアの可能性と直面する課題 -SmartNews の視点」、JAGAT 印刷総合研究会での講演（10 月 30 日）、公益社団法人日本印刷技術協会、2017 年

井上秋男「新聞業界の国内外最新動向」、JAGAT 印刷総合研究会での講演（10 月 30 日）、公益社団法人日本印刷技術協会、2017 年

『新聞研究』『新聞事業の最新動向』等、一般社団法人日本新聞協会

第4章

ニュースメディアの課題

◎井坂公明、根本正一

 持続可能でないニュース環境

　マスメディア（既存メディア）とネットメディアを合わせた現在の日本のニュース環境は、将来にわたって持続可能でない構造を持っている。IT 大手 DeNA（ディー・エヌ・エー）の「まとめサイト」閉鎖騒動をきっかけに、ネットニュースの信頼性に疑問符が付いた状況も踏まえ、持続可能で信頼できるニュース環境をどう構築していくべきかを展望する。

■紙の新聞は 10 年後に滅びる？

　紙の新聞を最も読む人たちがついに 70 代となり、今後 10 年余りで日本社会から「退場」していく——。NHK 放送文化研究所が 2016 年 2 月に発表した「2015 年国民生活時間調査」で、部数減に苦しむ新聞社に追い打ちをかけるような結果が明らかになった。この 20 年余りの長期的な部数減は、主にインターネットの普及が原因とされてきた。それに加えて、今後は新聞を最も読んできた年代が丸ごと「退場」するという人口構造的な要因により、劇的な部数減が避けられないことを調査結果は示している。

　国民生活時間調査は、日本人の生活実態を時間の面から明らかにするため、NHK が 1960 年から 5 年ごとに実施している。^(注1)

　2015 年の調査結果によると、平日に 15 分以上紙の新聞を読んでいる人の割合は 33％で、前回 2010 年調査より 8㌽、2005 年調査より 11㌽、新聞の全盛期だった 1995 年の調査に比べると 19㌽も減った。

　年代別にみると、10 代後半で新聞を読んでいる人はわずか 5％と、20 年前の約 4 分の 1 に減少。20 代は 6％、30 代も 11％と、それぞれ 20 年前のほぼ 5 分の 1 に激減した。40 代は 22％でちょうど 3 分の 1、50 代

も39％と半分近くまで下降。60代は55％が新聞を読んでいるが、20年前より15㌽低下した。

　問題は70歳以上だ。まだ59％が新聞を読んでおり、20年前と比較しても2㌽の低下にとどまっている。しかし、重要なのはこの人たちが、社会からまもなく「退場」していくという点だ。(**グラフ**)

　グラフを見れば分かるように、70歳以上の中核をなす70代は新聞にとって特別な人たちだ。1975年調査では30代、1985年調査では40代、1995年調査では50代、2005年調査では60代として、この40年間常に、最も新聞を読んできた人たちなのだ。どの調査でも新聞を読む割合の頂点を形成し、全体の割合を引き上げてきた年代と言える。

　また、同じ年代の人たちが高齢化するに従って、新聞を読む割合が減っていくという傾向も見られる。今回50代の39％が読んでいるが、10年前の40代の時は45％、20年前の30代の際には53％が読んでいた。同様に今回60代で読者は55％いるが、10年前の50代の時には58％、20年前の40代の際には66％が読んでいた。70歳以上は59％の人が読んでいるが、その中心である70代の人たちが60代の時には68％、50代の時には70％が読んでいた。

グラフ　平日に15分以上新聞を読んでいる人の推移

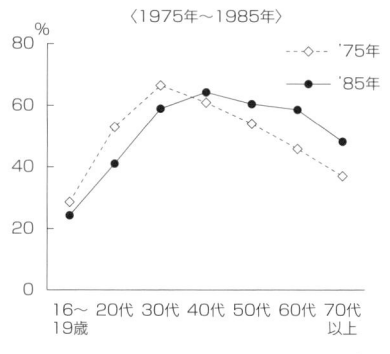

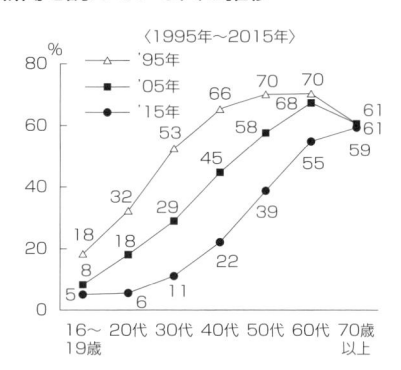

（NHK放送文化研究所「2015年国民生活時間調査」）

　70代と団塊の世代を含む60代は、朝起きたら新聞を読むという習慣が身に付いている世代だ。10年後には70代は80代に、60代は70代へと老いていく。**グラフ**の右側のグラフの折れ線を、右下方向に10年分ずらすとどうなるか…。20年分ずらせば…。グラフの頂点は消えていき、全体の割合は急速に低下していくことが分かるだろう。

　日本新聞協会の調べによると、日本の新聞（日刊紙）の発行部数（10月末現在）は、1997年の5376万部をピークに減少が止まらず、2017年には4212万部まで落ち込んだ。ピーク時から20年間で、1200万部近く減り、とくにこの10年間で1000万部弱の減となった。現在の70代が健在だった間にも、部数減は続いてきたことになる。目立つのは若年層の新聞離れだ。

　インターネットの普及、特にネットの無料ニュースの拡大が、これまでの部数減の主な原因とみられる。ネットへの主な入り口であるスマートフォンの普及は、若年層では既に飽和状態となり、今後は高齢層への急速な浸透が見込まれるため、それに伴う高齢者の新聞離れが進むと予想される。それに加え、新聞を読む中心層である70代が「退場」していけば、読者は急激に減っていく。部数の減少はむしろこれから本格化すると言えよう。

　各新聞社とも、今後の部数減の予測を立てているようだが、朝日新聞社の「販売局有志」が2016年、取締役会を告発した内部文書に付けた「別表」では、同紙の発行部数は2016年の654万部から毎年40万部超ずつ減り、東京五輪が開かれる2020年には463万部、2025年には249万部にまで落ち込むと予測している。[注2]

■信頼できる記事にはコストがかかる―ニュースはもうからない

　「ネットの情報は玉石混交」とよく言われるが、「玉」ではなく「石」の側面が極端に表れたのが、第1章第2節でも取り上げた、ディー・エヌ・エーの医療情報まとめサイト「WELQ（ウェルク）」などが不正確

な記事を掲載したとして、2016 年末に閉鎖に追い込まれた問題だった。

　ディー・エヌ・エーの第三者委員会が 2017 年 3 月に公表した調査報告書によると、最大 2 万本程度の記事に、著作権侵害の可能性があることが判明。問題となった 10 のまとめサイトのうち、ウェルクを含む 8 サイトでは、全記事に占める一般ユーザーの投稿の割合はおおむね 5% 以下にすぎず、大部分は同社が作成に関わっていたことが分かった。[注3]

　同社はユーザーが自由に記事を投稿できるプラットフォームであることを理由に、各サイトに「記事の内容には責任を負わない」などと明記していた。しかし、実態は記事に責任を持たねばならないメディアの側面が大きかったわけで、プラットフォームを隠れみのに、広告収入を得ながら責任は免れるという「いいとこ取り」をしていたことになる。

　同社は外部のライターには、他のサイトの記事をコピー＆ペーストして、文末を少し書き換えるという安易なやり方を推奨していると受け取られかねないような内容のマニュアルまで、用意していた。

　サイトの編集陣も少なく、外部ライターや読者の記事をチェックする体制も不十分だった。ウェルクでは当初、記事に医師など専門家の監修を付けることを検討したが、記事の大量生産という方針にそぐわない上、コストもかかることから見送った。

　外部ライターには「2000 文字で 1000 円」「1 本 1000 円〜 2000 円」という安価な報酬で、多数の長文記事の作成を依頼していた。こうした安い報酬では正確さや妥当さを確認する手間はかけられないため、内容的には手抜きになりやすい。[注4] 第三者委員会の報告書は「ディー・エヌ・エーが記事の正確性よりも利益を優先させたと非難されることも、やむを得ない」と断じている。

　「利益優先」の根源は、まとめサイト事業をゲーム事業と並ぶ「収益の柱」と位置付けた同社の経営方針だった。実際、まとめサイト事業は 2016 年 7 〜 9 月期には約 15 億円の売り上げを記録し、9 月には単月黒字を達成した。[注5]

しかし、いくら業績が上がっても、信頼できる正確な記事を掲載しなければ、サイトとしての持続可能性はなくなってしまう。2017年3月13日に記者会見した南場智子会長は「(メディア事業は) 聞けば聞くほど奥が深いことが分かった」と、記事の制作にはもろもろのコストがかかることなどに関する認識不足を認めた。[注6]

2017年8月、ディー・エヌ・エーは小学館と新会社を設立して、閉鎖された10サイトの一つであるMERY (メリー) の再開を目指すと発表したが、南場会長は「小学館さんの主導という形で新しいメリーを作っていただく。ディー・エヌ・エーとしては事実上撤退、というご理解でよいかと思う」と、まとめサイト事業からの撤退を宣言した。[注7]

ウェルクなどのまとめサイト閉鎖問題は、ニュース、特に硬派のニュースには正確性と信頼性が不可欠であり、その制作には相応の手間とコストがかかるという教訓を、世間に改めて突き付けることとなった。

ニュースの正確性と信頼性については、マスメディア側に一日の長があるという認識も社会的に広まった。しかし2017年2月、早稲田大学ジャーナリズム研究所の調査報道メディア「ワセダクロニクル」は、共同通信社が特定の医薬品を事実上推奨する記事を配信し、見返りに子会社を通じて電通側から報酬を受け取っていたとする「買われた記事」シリーズの配信を開始。マスメディアの記事にも信頼性に欠ける例があることを明らかにした。[注8]

記事の信頼性をどう確保するかは、ネットメディアだけでなくメディア界全体の課題であるという認識が必要となっている。

■ニュースの価値を自ら下げた新聞社

20世紀末には繁栄を謳歌した日本の新聞社だが、まさにその時に「ネットではニュースは無料」という将来自らの首を絞めるタネをまいてしまった。

　全国紙がネットにニュースサイトを開設したのは 1995 年だった。「読売オンライン」、「JamJam」（ジャムジャム、毎日新聞）、「アサヒコム」（現「朝日新聞デジタル」）などが次々にスタート。翌 1996 年 7 月開始のヤフーニュースより先んじていた。しかし、ビジネス的な展望がないまま、無料で気前のいい記事配信に乗り出したのだった。

　当時、新聞社の経営は順風満帆で余裕があったことや、ネットニュース事業もテレビのように、将来は広告収入で成り立つとの漠然とした想定があったことなどが背景にあったようだ。後講釈になるかもしれないが、ネットが原因で新聞部数が減少し、ネットの広告収入もヤフーのような巨大プラットフォームでなければ、十分には得られないという 20 年後の状況を見通せていなかったことになる。

　さらに、新聞社は 1990 年代末から、若年層の新聞離れへの対応もあって、ヤフーニュースなどのネットメディアに、次々とニュースを提供し始めた。その結果、マスメディアの記事はネット空間で以前より読まれるようになったものの、無料で閲覧できるため「ネットではニュースは無料」という価値観が定着していった。併せて、読者がいつどのような記事を閲覧するかなどのデータもネットメディアに帰属するようになっていった。

　ニューズピックスの佐々木紀彦編集長は、「（ネットでの読者に向けた記事配信をネットメディアに委ねたことにより）読者との直接の接点を失うことが、どれだけ大きいかを新聞社は分かっていなかった。単なる卸になってしまう（わけだ）から。また、（ネットに無料の記事が氾濫したことで）ニュースの価値自体をデフレさせてしまい、有料モデルを作るための土台を自ら壊してしまった」と新聞社の失策を指摘する。[注9]

　2010 年代に入り、日本の新聞社もようやくネットでの有料モデル構築に乗り出したが、日本経済新聞の日経電子版を除いて苦戦を強いられている。

■ネットメディアに偏る利益配分

　新聞社はこれまで、一貫してニュースを自ら制作してきた。メディアとしての責任を自覚し、信頼性や正確性を確保するため、必要ならばコストをかけることもいとわなかった。制作、流通、販売を一気通貫で担ってきたが、インターネットの時代に入って、テクノロジーで後れを取ったこともあって、ネットでは流通のかなりの部分をネットメディアに握られてしまった。

　もちろん、各新聞社は自らのニュースサイトを開設したり、スマホ向けのニュースアプリを出したりしており、利用者数やページビュー（PV）数で上位を維持しているものも少なくないという調査結果もある。（次頁**表**）しかし、特にスマホにおける読者にとっての記事の読みやすさやストレスの少ない操作性（ユーザーインターフェース＝UI、ユーザーエクスペリエンス＝UX）といった点では、ネットメディアに後れを取っている。

　一方、ネットメディアは大きなプラットフォームを有し、テクノロジー面での優越性を背景に、ネットでの流通を押さえている。大部分のネットメディアは新聞社などに記事使用料を支払って、その記事を自分のサイトに転載している。

　特に硬派のニュースについては、ほとんどをマスメディアに依存している。ヤフー株式会社広報室によると、ヤフーニュース内の国内の事件事故、その他の社会、政治、経済、国際などのニュースは、「新聞社、通信社、テレビ局から提供を受けた記事がほとんど」だという。

　大手ネットメディアの典型的なビジネスモデルは、取材記者は抱えず記事制作段階にはなるべくコストをかけず、記事は外部から安価に集めて無料で多数の読者に見せ、広告収入を極大化するというコスト意識の高いものだ。

　問題は利益の配分が、ネットメディア（プラットフォーム）側に偏り過ぎている点にある。

表　PC からのニュース利用（家庭と職場から）

Name	利用者数（単位：千人）	Page Views（単位：千ページ）
ヤフーニュース	16,462	1,818,933
MSN ニュース	5,953	231,088
朝日新聞デジタル	4,877	51,348
読売オンライン	4,081	46,500
日本経済新聞	3,749	70,238
インフォシークニュース	3,538	302,616
ライブドアニュース	3,182	61,690
毎日 jp	3,038	18,660
iza（イザ）	2,806	22,907
産経ニュース	2,791	45,393

スマートフォンからのニュース利用（ブラウザとアプリ）

Name	利用者数（単位：千人）	総利用時間（単位：千分）	Page Views（単位：千ページ）
ヤフーニュース（含むヤフーアプリ）	36,360	12,040,219	664,186
朝日新聞デジタル	10,915	18,637	43,800
日本経済新聞	8,871	96,139	61,822
東洋経済オンライン	8,694	24,694	75,632
読売オンライン	8,426	43,442	68,671
ライブドアニュース	8,365	56,050	106,439
毎日 jp	7,773	15,675	32,319
スマートニュース	6,782	1,889,281	0
インフォシークニュース	4,047	94,124	368,021
NHK ニュースウェブ	3,859	21,871	7,479

（いずれもニールセン調べ。2017 年 10 月。LINE ニュースについては LINE のメインアプリの利用状況を把握していないためデータがない。）

　日本最大級のニュースサイトであるヤフーニュースを例にとれば、新聞業界関係者、ネットメディア関係者によると、ヤフーが新聞社などに支払う記事の使用料は朝日新聞、読売新聞などの全国紙クラスでも年間2 ～ 3 億円から 10 億円未満だ。中日新聞や北海道新聞などのブロック紙や県紙クラスになると、1 桁、場合によっては 2 桁安い。さらに新聞業界関係者によると、「ヤフー以外のネットメディアから支払われる記

事使用料は、ヤフーより1桁少ない」という。

ネットメディアからの使用料収入や、ネットメディア掲載の自社記事に付けられた関連記事を通じて、自社サイトに還流してくるPVによる広告収入、有料電子版やデータベースなどの収入を合わせても、日経新聞を除く全国紙のデジタル関連収入は100億円まではいっていないとみられ、それぞれの売上高全体の10%にも届かない。

一方、ヤフーの「メディア事業（ヤフーニュースを含む）」は2011年度の売上高1102億円に対し、営業利益は605億円と50%以上の利益率を上げている。2012年度以降は決算の開示内容を変えたため、メディア事業としての数字は表に出ていないが、ヤフー広報室によると、全体に占めるメディア事業の割合は大きくは変わっていないという。[注10]

新聞社では経営状態が比較的良いと言われる読売新聞社（基幹6社）でも、営業利益率が3.3%（2016年度、売上高3832億円、営業利益125億円）であるのと比べて、収益性が極めて高いと言える。

利益配分がネットメディア側に偏っている状況に、新聞社などマスメディア側からは「タダ乗り」批判も強まっているが、月間PVが152億[注11]と巨大化したヤフーニュースには、全国紙といえども物を言いにくい力関係ができてしまっている。ヤフーニュースには1日4000本の記事が提供されており、主要なマスメディアで出していないのは日経新聞、共同通信（フィーチャーフォン向けは提供）、NHKぐらいだ。全国紙クラスとはいえ、1社だけ抜けても、他社がそろって提供し続ければ、ヤフー側にはあまり響かないとの見方が多い。

ニューズピックスの佐々木編集長は「プラットフォーム側が利益を独占するのは良くない」としながらも、「そうした構造をつくってしまったのはマスメディア側の落ち度でもある。もう主従関係は変わらない」との見方を示している。[注12]

■ 1次取材費をだれが負担するのか

　ネットメディアが自らニュースを作らないのは、膨大な1次取材コストの負担を避けるためだ。日常的に記事を発信し続けるには、記者・編集者の人件費や取材費、世界や日本全国に張り巡らす取材網の構築・維持費がかかる。

　例えば、朝日新聞社は4500人の社員のうち約2200人の記者・編集者を抱えており、編集部門の人件費だけで優に300億円を超えるとみられる。ネットメディアの多くはIT系企業であるため、当然ながら利益を最大にすることを至上命題としており、新聞社などと比べてコスト感覚が極めて鋭敏だ。記者を雇用することが、少なくとも現段階では経営上のリスクになるという認識が強いようだ。

　最近、ネットメディアの一部では、ニューズピックスなど記者を抱えて自ら取材に乗り出す動きも出始めてはいるが、全体から見ればまだごく一部にとどまっている。

　ネットメディアの記事の主な調達先である新聞社は、販売部数の減少と、それに伴う広告収入の減少に苦しんでいる。最も新聞を読んでいる70代が「退場」していき、部数の激減が予想される5年〜15年後には、「紙」では今のような経営が成り立たなくなる可能性が高い。運よくニュース媒体として「紙」からネットへ移行できたとしても、ネットでは「ニュースは無料」という壁がある。

　日経電子版は経済ニュースという特性を生かして、有料会員を50万人台に乗せたが、朝日新聞デジタルのような一般ニュースが主力の媒体では、現在の紙の新聞のような有料読者数と売上高を確保するのは難しいだろう。無料ニュースによる広告収入で、1次取材のコストを賄うことも困難だ。

　現在は新聞社が「紙」の利益の「持ち出し」により、ネットに安く記事を提供している格好だが、「紙」が急速に減っていけば、今のような形で1次取材のコストを負担するのは難しくなるだろう。何も手を打た

なければ、ネットメディアに硬派のニュースを提供する組織はなくなってしまい、ニュースをめぐる環境は回らなくなる可能性が高い。現在のメディアにおけるニュースの制作、流通、消費の構造はまさに持続可能ではないと言えよう。

新聞社が駄目ならテレビ局があるという考え方もあろう。しかし、テレビ局は NHK を除き、元々新聞社ほどには取材要員を抱えていない。若年層のテレビ離れが指摘され、広告収入でもネットに迫られるなど、テレビにも衰退の兆しが見えてきている。

また、個人発のニュースも増えてきているが、対象分野や記事の本数も限定的で、日常的、恒常的にニュースを出して報道全体を支えるまでには至っていない。

大手ネットメディア側は「(マスメディアが提供する記事への) 対価は全然十分ではない。もっとお返しできる仕組みにしなければならない」(藤村厚夫スマートニュース執行役員) [注13] などと、提供記事への使用料が十分でないことは認めており、余裕ができれば引き上げる姿勢も見せている。しかし、1 次取材のコストを負担することへの反応は鈍い。依然、マスメディアから 1 次取材した記事の提供を受けることを、事業の前提としているようにすら見える。また、ほとんどのネットメディアは「プラットフォーム」であることを標榜しており、「メディア」としての責任からは、できるだけ逃れたいとの姿勢も透けて見える。

スマートニュースの藤村執行役員は、タダ乗り批判に対しては「われわれはスマホでニュースを読む人々がいることを発見し、その人々をマスメディアに引き合わせた。ある種、相互補完的だ」と反論。「自分たちはコンテンツを作っていないので、作っている人抜きには存在し得ない」としながらも、「基本は流通で新しい世界を創り出したい」と記事の制作に乗り出すことには否定的だ。[注14]

ニューズピックスの佐々木編集長は、「既存メディアが衰退すると、1

次取材が弱くなるという問題はもちろんある」と認めつつも、「今はまだ（１次取材力が）過剰なのではないか。新聞社同士で合併したりして、支局を統合するだけでも余裕が出てくると思う。日本における記者の数はまだまだ多く、危機的な状況になる感じがしない」と語る。^(注15)

バズフィードジャパンの古田大輔編集長はタダ乗り批判に関しては、「利用者から見ると全く違う風景が見える。じゃ、あなたが自分で届ければいいのでは、となる」と新聞社側の努力不足を指摘。１次取材費の問題については「新聞社も全国取材網を今の規模では維持できない。お金をくださいではなくて、１次取材網が50％カットされても機能するよう（政府や自治体に）ネット上での情報公開などを働き掛けるべきだ」と、金銭面以外で工夫が必要と指摘した。^(注16)

ヤフーの有吉健郎ニュース・スポーツ事業本部企画部部長（ヤフーニュース担当）は「オリジナルコンテンツを一部作ってみて、良質な記事を書くことの難しさを痛感している」と述べた上で、「１次取材をやるとなると、まず採用の壁がある。教育・実践もハードルが高い」として、現段階では取材記者を直接雇用するのではなく、「ヤフーニュース個人」などを通じた書き手への支援やノンフィクションライターの育成に力を入れていく方針を示した。^(注17)

J-CASTニュースの創設者でネットメディアに詳しい蜷川真夫J-CAST代表取締役会長・CEOは、「ネットメディアが本格的に１次取材を始めることはない」と断言する。蜷川氏はその理由について、①記者クラブなどの既得権は既存メディア側が手放さず、警察や政治取材には割り込めない②新聞社が衰えたら通信社から記事の提供を受ければよい──と説明する。^(注18)

これに対し、ワセダクロニクルの渡辺周編集長は「新聞社の取材力が落ちてくると、１次情報を取るところがなくなり、ニュースの質が低下。世の中がフェイクニュースだらけになるのではないか」と悲観的な見方を示し、「ヤフーなどは自前でちゃんと記者を育てないといけな

い」と、大手ネットメディアに1次取材に乗り出すよう促す。(注19)

　東大大学院の橋元良明教授も「ネットメディアは人のフンドシで相撲を取っていて、まだ（新聞社に）頼れると思っているが、いずれしわ寄せがくる」と予測。このまま手を打たなければ「日本のメディアは脆弱化し、プロの取材が崩れて信頼度が低下する。ニュースの信頼性が落ちてきて、フェイクニュースなど混乱状態が拡大する」と警告を発している。(注20)

■誰がニュースを作ったか明示を

　マスメディアの側がなすべきことは、まず自らのニュースサイトやアプリを充実させることだろう。日経新聞の日経電子版は2010年3月の創刊だが、有料会員数が55万人にまで成長した。これが100万人になれば、かなり有力なネットメディアになる。2011年5月発刊の朝日新聞デジタルは有料会員が約28万人までできたが、伸び悩んでいる。デジタル毎日、産経電子版、読売プレミアムは有料会員数を公表していない。(注21)

　ともかく、自分で作ったニュースを、まずは自らのルートで読者に届けることを最優先にすべきだ。ネットメディアに渡してしまった「読者との直接の接点」を、ある程度取り戻すことが肝要だ。そのためには、読者にサイトやアプリの快適さや使いやすさを提供できるような、テクノロジーの力を強化することが不可欠となる。

　ニュースをネット空間に流通させる際、最も大切なことは、「だれがニュースを制作したのか」を明示させることだ。この原則は当たり前のことのようだが、日本語のネット空間では徹底されていない。例えば、新聞社などがヤフーニュースに提供したニュースには、通常「朝日新聞デジタル」「読売新聞」などのクレジットが付く。しかし、ヤフーサイトの1面に掲載されるトピックス記事8本にはクレジットは付いていない。

　また、ツイッター内のヤフーニュースのアカウント内では、どこのメディアの提供記事かは示されておらず、単に「Yahoo! ニュース」と付されているだけ。これではツイッターを見た人は、ヤフーが作った記事と勘違いしてしまう。いわゆる 2 次利用、3 次利用にもクレジットを明示するよう、ネットメディアに求めるべきだ。そうしないと、マスメディア自身が制作したニュースの価値をますます損なってしまう。[注22]

　これに関連して、ネットメディア側に対し、ニュースの記事使用料を本来の価値に見合うレベルに値上げするよう求めることも必要だ。巨大化したヤフーニュースに対しては、新聞各社がある程度結束しないと対抗できないだろう。

　また、提供している記事の数を一定程度絞ることも検討すべきだ。公共性を重視して、市民生活に必要な最小限のニュースは提供。その一方、特ダネや深く掘り下げた解説もの、企画ものなどは自前のサイト・アプリから優先的に配信する。そうすることで、新聞紙の部数減少を少しでも遅らせることができるかもしれない。

　それでも紙の部数減が止まらなければ、新聞社の体力は落ちていく。記者の数も減り、取材力が低下していくのは避けられないだろう。人員を削減しつつも編集陣はできる限り温存し、全国紙は最終的には 100 万部程度になっても、ジャーナリズムの旗を掲げて生き残る道を探ってほしいものだ。

　J-CAST の蜷川会長は「全国紙は地方版はやめ、首都圏だけのブロック紙になればよい。販売網や印刷も共通化し、取材力のみを各新聞社が持つ。そうすれば 100 万部でも成り立つ」と、全国紙の究極の形を想定する。[注23]

　一方、ネットメディアも利益至上主義から脱却し、ニュースメディアの公共性や責任を自覚して、硬派ニュースの制作に相応のコストを負担すべきだ。まずは、ニュースの提供を受けているマスメディアに支払う提供料をできるだけ値上げする。さらに、自ら取材記者を抱えて 1 次取

材のコストを負担し、ニュースを制作することが必要だ。その萌芽は既に現れ始めている。

ニューズピックスは少数ながら記者を抱えているが、有料読者数が3万人を超え、2016年12月決算で黒字化した。自社で作成した記事、マスメディアから調達した記事、記事に付いた識者のコメントをコンテンツの3本柱としている。記者を抱えても黒字化したネットメディアの先駆けと言えよう。

さらにネットでの硬派ニュースの信頼性や正確性を確保するために、読者にも「ネットのニュースは無料」という考え方を改めてもらう必要があるのではないか。ニュースを作るにはコストがかかる、つまり「良質なニュースがネットで無料で読める時代は終わった」ということを、一般の読者にも理解してもらう努力がメディア側に必要となる。それも含めたメディアリテラシー教育を、大学教育以前に取り入れるよう国に働き掛けていくべきだろう。

■持続可能なニュース環境へ

今後の展望としては、幾つかのケースが予想される。

放っておいても、経済原則に従ってなるようになるという考え方もあるかもしれない。マスメディアの記者の賃金が一定の水準を下回れば、ネットメディアへの移動が起こるとの見方もある。実際、若い世代の一部は既にネットメディアに移り始めている。自らも東洋経済新報社から移籍したニューズピックスの佐々木編集長は、「2016年あたりから、思ったよりも速いスピードで（人材の移動が）進んでいると思っている。毎日新聞や産経新聞は以前から転職する人が多かったが、朝日新聞もよく転職するようになった」と語る。(注24) ただ、まだネットメディア側の「受け皿」はごく限られているというのが実態だろう。

民主主義社会に必要なメディア全体の力を落とさないようにしながら、できるだけスムーズに「次のニュース環境」への移行を図るのがべ

ターではないか。マスメディアとネットメディアが併存する中で、ネットメディアが 1 次取材コストを徐々に負担しつつ存在感を高め、持続可能なニュース環境に移るのが望ましい。

　具体的な展望としては、理想的なケースとして、専門家や一般の人々が徐々にネットを通じて記事を発信するようになり、政治、経済、社会、国際などの分野の一部を除き、記者は要らなくなるという可能性が考えられる。これが新聞社の衰退と同時進行の形で実現すれば幸いというべきだろうが、一般の人々が事件・事故の現場に居合わせた場合などを除けば、取材源をマークしながら日常的（ジャーナル）、安定的に記事を発していくには、取材記者による何らかの組織が必要ではないか。

　好ましいのは、ネットメディアが時間をかけて記者を抱えていき、新聞社などの記者の減少をうまくカバーしていくというケースだ。マスメディアからネットメディアへの記者の移動は既に始まっており、バズフィードジャパンには朝日、毎日両新聞社などから、ニューズピックスにはダイヤモンド社などからの移籍組がいる。ただ、1 次取材コストの負担に慎重なネットメディアの経営姿勢が変わらない限り、新聞社のように大勢の記者を抱えるのは難しそうだ。

　ネットメディアが書き手を正規の社員としては雇わず、非正規の形で抱えるケースも考えられる。ヤフーの宮坂学社長は朝日新聞のインタビューで、「いずれはヤフー発のピュリツァー賞を」と意気込み、「総合月刊誌が果たしてきた役割」を担いたいとの考えを示している。[注25]書き手としてはネットの中で新たな可能性に挑戦する機会を与えられそうだが、他方、その身分や報酬、社会的地位は現在のマスメディアの記者より、一般的に不安定なものになりそうだ。現段階ではこの方向が最も可能性が高いかもしれない。

　特殊な場合として、ネットメディアがマスメディアをそのまま傘下に収めるというケースも考えられる。買収の形になるのでコストはかかるが、記者を一から育てる必要はなく、訴訟対策や権力への対応も含め

て、ノウハウのある傘下のマスメディアに任せることができる。記事の信頼性も担保できる。ただ、プライドの高い既存メディアのことなので、よほど経営的に切羽詰まった状況に陥らないと応諾しないだろう。

　また、日経新聞が2015年に英国のフィナンシャル・タイムズを買収した際に問題となったように、「編集権の独立」をどの程度認めるのかも焦点となろう。あまり認めなければ、マスメディアのブランドを毀損し、読者が離れたり、所属する記者が辞めたりする可能性がある。他方、マスメディア側が編集権の独立を強く主張した場合は、ネットメディア側は買収するメリットがないと判断する可能性もある。

　最も好ましくないのは、新聞社などマスメディアの記者が減っていき、他方、ネットメディアの書き手はなかなか育たない場合だ。ネットメディアがコストのみを重視する姿勢をかたくなに続ければ、1次取材の費用を負担するグループは現れず、日本社会全体のニュースの質や量が低下していくことになろう。

　東大大学院の橋元教授は「今後、新聞社が苦しくなったら記者の育成をどうするのか、大学教育も含めてもう一度考える必要がある」と指摘。具体的には、ジャーナリスト育成のための大学教育がしっかりしている米国を例に挙げ、「新聞社とネットメディアが協力してプロの育成を考えないといけない。（現在は新聞社ごとに行っている）記者の育成体制を新たに考える必要がある。ジャーナリズム教育の一端を、大学に委託せざるを得ないのではないか」と提言している。[注26]

　注

(1)　2015年の調査は10月に全国の10歳以上の国民1万2600人を対象に実施、7882人（62.6%）が回答した。

(2)　発行部数には、新聞社が新聞販売店にその希望する以上の新聞紙を買い取るよう強要する「押し紙」の部数も含む。「別表」によると、押し紙を除いた実売部

数は、16 年は 444 万部、20 年は 324 万部（予測）、25 年は 174 万部（同）。押し紙については FACTA2017 年 5 月号「朝日新聞『押し紙率 32％』に愕然」を参照。

(3)　『第三者委員会調査報告書（キュレーション事業に関する件）』（2017 年 3 月 11 日）によると、10 のサイトのコンテンツのうち著作権侵害の可能性がある記事は 7000 〜 2 万件、画像では最大で約 75 万件に上る。

(4)　「DeNA の『WELQ』はどうやって問題記事を大量生産したか」（バズフィードニュース、2016 年 11 月 28 日配信）、「DeNA サイト問題　破綻した "下流" キュレーションビジネス」（デジタル毎日、2016 年 12 月 19 日）、「情報サイト、『記事』書くバイト」（朝日新聞デジタル、2016 年 12 月 10 日）

(5)　「プラットフォームを『隠れみの』　DeNA 大炎上の本質」（日経電子版、藤代裕之、2016 年 12 月 8 日）

(6)　「まとめサイト、今後収益の柱にならず」（日経電子版、2017 年 3 月 13 日）

(7)　「『挑戦を諦めない』DeNA 南場会長の反省と覚悟　キュレーション事業、事実上の撤退から亡き夫への思いまで」（日経ビジネスオンライン、2017 年 10 月 11 日）

(8)　ワセダクロニクルは 2018 年 2 月 1 日、早稲田大学ジャーナリズム研究所から独立し、NPO 法人となった。

(9)　2017 年 8 月 31 日の佐々木紀彦氏へのインタビューより。

(10)　ヤフー株式会社の 2011 年度の全体の売上高は、有価証券報告書によると連結で 3020 億円、単体で 2931 億円。

(11)　月間 PV 数はヤフー株式会社の発表による。2016 年 8 月時点。内訳はパソコン経由が 3 分の 1、スマホ経由が 3 分の 2。17 年 10 月現在でこの数字が過去最高。ニールセンなどの第三者調べはカウントの仕方が違うため、ヤフー公表の数字とは異なる。表を参照。

(12)　2017 年 8 月 31 日の佐々木紀彦氏へのインタビューより。

(13)　2017 年 8 月 28 日の藤村厚夫氏へのインタビューより。

(14)　2017 年 8 月 28 日の藤村厚夫氏へのインタビューより。

(15)　2017 年 8 月 31 日の佐々木紀彦氏へのインタビューより。

(16)　2017 年 9 月 28 日の古田大輔氏へのインタビューより。

(17)　2017 年 10 月 16 日の有吉健郎氏へのインタビューより。なお、1 次取材費の負担問題や持続可能なニュース環境に関しては、LINE ニュースを運営する LINE 株式会社にも見解を求めたが、回答がなかった。

(18)　2017 年 10 月 30 日の蜷川真夫氏へのインタビューより。

(19)　2017 年 10 月 23 日の渡辺周氏へのインタビューより。

(20)　2017 年 9 月 21 日の橋元良明氏へのインタビューより。

110

(21)　日経電子版の有料会員数は日経新聞社の公表数字で 2018 年 1 月 1 日現在。朝
　　　日新聞デジタルの有料会員数は 16 年 12 月現在で、渡辺雅隆社長のインタビュー
　　　での発言（「新聞之新聞」17 年 1 月 11 日 1 面）による。

(22)　クレジットの有無は 2017 年 11 月 21 日現在。

(23)　2017 年 10 月 30 日の蜷川真夫氏へのインタビューより。

(24)　2017 年 8 月 31 日の佐々木紀彦氏へのインタビューより。

(25)　「ネットの巨人　独自発信　新興アプリとの差別化狙う」（朝日新聞 2016 年 2
　　　月 24 日付朝刊 6 面）

(26)　2017 年 9 月 21 日の橋元良明氏へのインタビューより。

◆参考文献

藤代裕之『ネットメディア覇権戦争　偽ニュースはなぜ生まれたか』光文社、2017
　年

奥村倫弘『ネコがメディアを支配する　ネットニュースに未来はあるのか』中央公
　論新社、2017 年

月刊「広報会議」編集部編『デジタル PR 実践入門　完全版』宣伝会議、2015 年

早稲田大学メディア文化研究所編『メディアの将来像を探る』一藝社、2014 年

NHK 放送文化研究所『2015 年　国民生活時間調査報告書』2016 年 2 月

 **ネットニュースの落とし穴**

■フェイクニュース被害、ここまできたか

　2016 年から 2017 年にかけて、フェイク（偽）ニュースが世界を騒がせた。先に挙げた 2016 年の米大統領選ばかりでなく、同年のイギリスにおける欧州連合（EU）離脱を巡る国民投票や、2017 年のフランス大統領選でも、それぞれ「イギリスは毎週 3 億 5000 万ホ゛ンを EU に負担している（実際の負担は約 3 分の 1）」「マクロン氏の背後に同性愛者のロビー団体がいる」といったフェイクニュースが飛び交った。では、インターネットを中心に溢れかえるフェイクニュースが社会にどのような作用を及ぼしたか。昨今の 2 つの事例から考えてみたい。

　1）トランプ氏が勝利した米大統領選挙の余熱の冷めやらない 2016 年12 月、ワシントン郊外のピザレストランに自動小銃と拳銃で武装した一青年が乱入。男はその数日前、インターネット上のサイトで、このピザ店を拠点に児童への性的虐待が行われており、これにヒラリー・クリントン元候補が関与している、という内容の動画を見ていた。ピザ店に押し入ったのは、その真偽を確かめ、監禁されている可哀想な子供たちを助け出そうとの正義感からだった。ところが店内にそうした子供たちの姿はなく、自動小銃を発砲したものの客や店員は店外に逃げ出して無事で、男はあっさりと警察に投降した。世に言う「ピザゲート」事件である。

　男を直接行動に走らせたのは、右派サイトが流したクリントン陣営に対する陰謀論で、すでに米大統領選の前から話題を呼んでいた。このピザ店の経営者はクリントン陣営に近い人物であり、右派サイトの主導者はトランプ支持者だった。トランプ氏に投票した人の中には、この陰謀論を信じていた人も多いという。[注1]

2）国内に目を向けると、2017年6月に東名高速道路の中井パーキングエリア付近（神奈川県）で、ワゴン車が大型トラックに追突されて夫婦が死亡した事故は、その後、パーキングエリアで違法駐車を注意されて腹を立てた男がワゴン車を追いかけ、進路をふさいで事故を誘発させたとして逮捕された。事故をきっかけに「あおり運転」の脅威が様々に報道されたが、その過程で一つのフェイクニュースが飛び交った。容疑者と同姓で、住所が同じ福岡県などという単純な理由から「容疑者の父」と間違われた男性の個人情報が「まとめサイト」に書き込まれた。

　容疑者逮捕の翌日から、この男性の自宅に脅迫や無言などピーク時には1日約100本の電話が殺到し、否定すると「お前は嘘をつくのか」と声を荒らげられることもあったという。経営している会社は休業し、子供も学校を休ませた。その後、福岡県警はネットに情報を流した数人の関係先について名誉棄損容疑で家宅捜索した。^(注2)

　フェイクニュースが直接行動という加害行為を生み出したり、全く関係のない人間がその被害を受けて泣かされたりといった事態が起きている。インターネットを通じて縦横無尽にニュースが拡散していく時代に、ネットメディアのはらむ危険性がここにある。マスメディアにフェイクニュースを食い止める力はあるのか。読者はフェイクニュースに振り回されるしかないのか。

■政治の世界にもネット発フェイクニュース

　法務省の調査では、インターネット上でのプライバシー侵害や名誉棄損などの書き込みについて、被害者から申告を受理した人権侵害事犯は2016年で1909件に上り、4年連続で過去最多を更新している。^(注3)フェイクニュースには、ただ単に世間を騒がせたい愉快犯的なものもあれば、政治的な意図をもって綿密な計算のもとに流し続けるものもある。さらにそうした組織的な陰謀に、金で雇われて加担する人間も多くいることだろう。サイトには事実に基づいた記事の間にフェイクニュースが

忍び込んでいるから、見破ることは難しい。

　20世紀の２つの大戦や冷戦期を通じて、国家レベルでメディアを利用した諜報活動が活発となり、偽の情報を流して敵国を混乱に陥れようとする政治的陰謀が常態化した。しかし、インターネットの発達した21世紀では、政治権力がネットを利用したプロパガンダを展開した結果、一般市民もその渦中に巻き込まれることとなった。政府もその構造をうまく利用しようという政治的意図がうかがえる。

　国際的なフェイクニュースとしては、ロシアがアメリカの同盟国の分断を狙ったものが多いと推測されている。2016年の米大統領選では、クリントン候補の追い落としを図ったトランプ陣営とロシアによる「ロシアゲート」疑惑が持ち上がった。2017年にはヨーロッパや中東でも、ロシア発と言われる偽ニュースが取り沙汰された。

　フェイクニュースは政治的な側面ばかりでなく、経済的な側面も有する。2016年のアメリカ大統領選に絡んでは、バルカン半島の小国マケドニアから大量のフェイクニュースが発信されたことが報じられている。マケドニアの若年層の失業率は50％に近く、金銭目的でフェイクニュース作りに誘われるのだという。広告へのアクセスを稼ぐことで多額の報酬を得られ、マケドニアの平均月収を大きく上回るほどになったという。[注4]

　トランプ米大統領は就任後、ツイッターなどソーシャルメディアを通じて人事から外交に至る重要政策を発信し、新聞やテレビなどマスメディアの価値低減化を狙っている。自政権に批判的な記事を書かれると、「フェイクニュースだ」と決めつける。中東・アフリカなどからの移民が急増するＥＵ諸国では、移民排斥のためのヘイトスピーチがネットに氾濫している。こうした現象をもたらす時代の空気はどこから生じるのだろうか。

■嘘がまかり通る現代社会

オックスフォード英語辞典は 2016 年を象徴する言葉として、「ポスト・トゥルース（真実）」を選んだ。『「ポスト真実」の時代』の著者の一人、日比嘉高・名古屋大学大学院准教授（文学・文化論）は、そもそも政治の世界で事実を事実として認めようとしない現実を指摘する。^(注5)

米大統領選挙でのトランプ氏も、イギリスの EU 離脱を巡る国民投票の際の離脱派も、選挙の前にあれほど威勢のいい発言を繰り返していたにもかかわらず、勝利を得た途端にトーンダウンして前言を翻すような発言に終始する。嘘は政治目的を実現するための方便、喉元過ぎればその嘘も問われなくなる、との計算が働いている。2017 年の日本では、国有地売却に絡む森友学園問題や獣医学部新設に絡む加計学園問題、さらに南スーダンの国連平和維持活動（PKO）に絡む陸上自衛隊の日報問題と、政官を含めて言い逃れとしか言いようのない国会答弁がまかり通っている。様々な疑惑が明るみに出たのはメディアの健全な機能が働いた証左とも言えるが、目まぐるしい社会の動きのなかで時間が経てば、うやむやになり忘れ去られてしまうという、現代のメディア環境のもう一つの側面をも表している。

翻って経済界を見ても、2017 年後半には日本を代表する企業の不正が立て続けに明るみに出た。自動車や航空機に至るまで、その完成品メーカーや素材メーカーが無資格の従業員に検査をさせていたことや、品質データを長年にわたって改ざんしていたことが発覚した。グローバルな競争環境の下でコスト削減への圧力があったとしても、事実が明るみに出れば大量のリコール（回収・無償修理）や賠償責任は免れない。それにもまして、人を運ぶ輸送手段に使われるとすれば、人命の安全性にも関わってくる。

社会全体が嘘に対して不感症になっている中で、情報そのものがやりとりされるメディア環境も、その脅威に晒されている。怪しいニュースと分かっていても、面白いと感じれば真偽を確かめることもなく、ネッ

ト上でシェアして拡散させることとなる。そこにはネットユーザーが情報を取り込む心理構造と共に、ネットメディアのビジネスモデルの抱える経営・組織上の構造的な問題が絡み合っている。

■情動から感情、行動へ

　ネットメディアにおいて、読まれる記事は事件・事故やスポーツ・芸能であり、政治・経済・国際関連のニュースは分かりやすい記事しか読まれない傾向にある。ネット上では自分の興味に従って情報を効率的にカスタマイズすることもできる。好きなブロガーのコメントばかり追いかけていると、偏った考え方を醸成することにもなりかねない。SNSを通じてさらに発信され拡散すると、過激な思想のまん延につながる。プライバシーを暴くことに血道を上げたり、ヘイトスピーチの嵐になったりと、批判コメントや罵詈雑言が並ぶ例はいくらでもある。

　そもそもネット社会において、現代人はどのように情報と接し、それをどう内面化し、自らの行動を決定するのだろうか。オックスフォード英語辞典が示した「ポスト・トゥルース」とは、「世論形成において客観的事実よりも感情や個人的信条に訴えかける方が重要であるという環境への言及・意味」と定義される。[注6] では、喜怒哀楽や好悪といった感情はどこからくるのか。それをひもとくのが「情動」だといわれる。急速に一時的に引き起こされる感覚で、身体的な感覚から生理的な変化を伴うものとされる。

　『情動の社会学』を著した伊藤守・早稲田大学教育・総合科学学術院教授（メディア・スタディーズ専攻）は、スマホでニュースが読まれるのはコンテンツそのものよりも、スマホの薄さや手触り、操作の快適さといった身体的な感覚に根差している部分が大きいと指摘している。[注7] 技術革新の激しいネットサービスでは、スマホをいかにスムーズに操れるか、記事や広告でいかにアイキャッチできるかなど、技術開発に余念がない。ネットメディアはマスメディアと比べて、エンジニア

やデザイナーの役割が大きい。

　また記事も、通勤の短時間でスッと頭に入って印象に残るフレーズがあふれている。マスメディアとは言語の様式自体が違っている。言葉の意味よりも、言葉の持つリズムや強度が重要なのだ。文章の流れよりも、タイトルに過激な単語や疑問形を多用してクリックの増加を狙う。ネットでは音声や動画、さらに仮想現実まで駆使できる。仕事や学業に忙しい現代人にとって、情報洪水に溺れないための防衛的な反応なのかもしれない。そうしたニュースを受け入れる構造が、現実社会にどのように反映するのか、伊藤教授はこう語る。

　「例えば、サッカーW杯で日本が勝ったテレビ放映があったとして、それがまず身体感覚に響く。それが、素晴らしいことだ、という感情につながるのだが、以前ならその感情を家族や仲間内で共有するだけで満足していた。それが今や、ネットを通じてリアルタイムに感情が拡散され、挙げ句は、渋谷に集まろう、ということにもなる。それが政治的行動につながることもあり、民主化運動につながった『アラブの春』のような例も出てくる」。

　身体的な情動が「感情の垂れ流し」を生み出し、自らのツイートがフォロアーによってリツイートされて自己承認欲求を満足させる。従来は個人の日記で発散させていた感情を、特定の仲間内や不特定多数にぶつける。現代人は仕事場で感情を押し殺し、認められない自分に不満を抱える傾向にある。そして趣味や関心事を通じた、複数のネットワークを使い分ける緩やかな人間関係を重視する。そこでは例え嘘であっても自らが発信した情報が騒がれ、何かの事件につながったりすれば、それで自分が認められたと感じる倒錯的な心理にもつながる。社会とリアルに関わらない、孤独な感情が妄想を生み出し、直接行動へと駆り立てる。冒頭に挙げた東名高速事故に絡んで「容疑者の父」の間違い情報が拡散し、電話攻撃にまで至る経緯はそうした心理を背景にしている。

　SNSを媒介としたニュースの拡散は、それに伴う新たなコミュニ

ティーの醸成と、その集合知による健全な世論の形成に役立っている面はある。一方で、１人の読者が発した過激なコメントが問題となってサイトが炎上し、思いも寄らない方向へと意見が収れんされるケースも多々見受けられる。そうしたコミュニティーの参加者は基本的に限定的で、閉鎖的であり、たこつぼ的な見解を持つ傾向が強いことから、世論からは離れた考え方が自己増殖していく可能性も出てくる。

■「コミュニケーション資本主義」の拡大とその弊害

　伊藤教授はまた、政治学者のジョディ・ディーンの唱える「コミュニケーション資本主義」という概念に着目する。インターネットを通じた情報の伝達はそれ自体の目的を越えて、リンクやリツイートによって無限に流通＝循環する構造が自己目的化し、コミュニケーションを媒介として資本が回転するシステムを生み出しているという[注8]。

　「自由な領域を最大限に設定して、その情報が問題になると個別に規制していく。ある意味、資本側にとっては何だって構わない。自ら情報を仕掛けてそれを拡散させ、お金を受け取る構造となっている。インターネットが資本主義経済に組み込まれている。正確性や倫理性、一貫性を専門家が判断するマスメディアとは質的に違う」（伊藤教授）。

　ネットメディアは炎上してこそ価値があるという考え方は、逆説として正しいかもしれない。それだけ記事が読まれたということで、ページビュー（PV）と広告収入の増加につながるからだ。雇われている記者は、アクセス数を求めてタイトルや記事内容を過激なものにする。その結果、羊頭狗肉の記事が増えることだろう。自称ジャーナリストを含めて誰もが情報の発信者になれる時代に、人権意識に乏しく、個人情報保護法などについて不勉強な記者が増えているのが現状だ。検索結果のランキングを上げようと、悪質な手口も出てくる。当然、トラブルの確率も高まる。マスメディアが曲がりなりにも年月をかけて記者や編集者を育成し、編集過程で幾重ものチェック機能を働かせているのに比べる

と、心もとない面は否めない。

PV 至上主義は広告が最たるもので、その弊害も指摘されている。それはステルスマーケティング（ステマ）という手法に如実に現れている。記事の中に広告を忍び込ませ、広告と分からないように宣伝をする行為で、その「やらせ」的な手法が消費者団体などから問題視されている。企業は金を出しているのに、見た目はあくまで客観的な記事の体裁を整えている。記者自身が企業などと結託して、中立的な記事を装いながら上手くその企業の商品などを宣伝する手法も問題となっている。

■「ファクトチェック」に動き出すネットメディア

米大統領選での虚偽情報の横行で、SNS を中心にニュースメディアへの批判が世界規模で広がり、ネットニュース側もフェイクニュースへの監視強化に乗り出している。インターネット大手を含めて世界の主な報道機関 30 以上の企業・団体が共同で、ネット上でのフェイクニュース駆逐に向けて連携することとなった。(注9)「ローマ法王がトランプ支持を表明」といったフェイクニュースが盛んに流れたフェイスブックは、ユーザーから虚偽情報との報告を受け取れるようにし、情報のファクトチェック（事実確認）を第三者機関に委ねるようにした。(注10) グーグルは検索結果の上位にフェイクニュースなどが飛び込まぬよう、検索エンジンにおけるアルゴリズムを見直している。ドイツをはじめヨーロッパ諸国で総選挙が相次いだ 2017 年には、グーグルやフェイスブックが欧州でのフェイクニュース対策を強化させた。日本でも 2017 年にメディアや大学の関係者が集まって国内のファクトチェックの推進・普及を目指す「ファクトチェック・イニシアティブ」が立ち上がった。ファクトチェックのガイドライン作成や、ファクトチェッカーの養成などに取り組んでいる。(注11)

フェイクニュースでなくとも、先に挙げたネットニュースならではの記事・広告のビジネス手法を見直す動きもある。ヤフージャパンは記事

の配信元への支払いを PV 件数に拠っていたが、2016 年春からは、PV には表れないものの価値ある記事にも対価を支払う制度を導入している。また、グノシーは見出しであおる「釣り記事」の排除へ、ユーザーの閲覧状況を分析するなどのシステム構築に乗り出した。^(注12)

「餅は餅屋」というわけか、ネットメディアが話題のネットニュースのチェックに乗り出す事例も増えている。ディー・エヌ・エーのまとめサイト問題をいち早く取り上げたのはバズフィードジャパンであり、同社はテレビの情報番組などで流れたネット情報の誤りを盛んに指摘している。ネット上に流れた情報として、十分な検証もせずに報道するマスメディアへの警鐘を打ち鳴らしている。

ネット上で広告が自動的に配置されるシステムでは、フェイクニュースとともに自社の広告が配置されて、企業イメージが甚だしく損なわれる事例も出てきている。グーグル傘下の動画配信サイト・ユーチューブには、反ユダヤ主義やイスラム過激派などの動画と合わせて英米の大手企業の多数の広告が表示され、広告を取り下げる騒ぎが 2017 年春に起きている。^(注13) 広告主にとってはたまったものではなく、企業側が広告の表示先をコントロールできる機能を持たせる動きともなっている。

しかし、ファクトチェックの強化は「表現の自由」の問題と絡んで、過度の検閲を招きかねない危険性も指摘されている。2016 年の米大統領選挙を引き金にフェイクニュースサイトの運営者たちがメディアでもてはやされ、「表現の自由」を盾に堂々と自らの正当性を主張している。フェイクニュースが目に余る事態となれば、法律で縛ろうという論調も出てきて、監視社会を招く恐れがある。ドイツでは 2018 年からフェイクニュースを規制する法律が運用開始され、違反を恐れる SNS の運営会社が必要以上に内容を削除する傾向にあるという。^(注14) 開かれた討論の場を自認するネットメディア自身も、自ら規制に乗り出すことに矛盾の念を抱いている。

（　注　）

(1)　https://assets.documentcloud.org.documents/3237677//Welch-Edgar-Federal-Complaint-Dec-2016.pdf
平和博、2017 年、『信じてはいけない――民主主義を壊すフェイクニュースの正体』朝日新書、第 1 章 フェイクニュースとは

(2)　朝日新聞 2017.12.22 夕刊 15.『デマ拡散家宅捜索 東名死亡事故名誉棄損容疑』

(3)　www.moj.go.jp/content/001199675.pdf

(4)　日本経済新聞 2017.5.14 朝刊 7.『経済苦境、偽ニュース生む トランプ氏勝利に一役？ マケドニア中部の街』

(5)　津田大介／日比嘉高、2017、『「ポスト真実」の時代――「信じたいウソ」が「事実」に勝る世界をどう生き抜くか』祥伝社、第 2 章 日本におけるポスト真実.

(6)　https://en.oxforddictionaries.com/word-of-the-year/word-of-the-year-2016

(7)　伊藤守、2017、『情動の社会学――ポストメディア時代における“ミクロ知覚”の探究』青土社、177-9.

(8)　前掲書、32.

(9)　https://firstdraftnews.org/

(10)　https://www.poynter.org/

(11)　http://fij.info/

(12)　日本経済新聞 2017.4.29 朝刊 12.『グノシー、「釣り記事」排除、対応策を発表』

(13)　日本経済新聞 2017.3.25 朝刊 6.『広告主相次ぎ離反 ユーチューブ 悪質動画に表示で』

(14)　朝日新聞 2018.4.1 朝刊 3『偽ニュース規制 世界は悩む』

 かつて 聴 衆（オーディエンス）と呼ばれた公衆に向き合いなおす

　マスメディアの経済構造を論じるとき、そこに配役されている「 聴 衆（オーディエンス）」はどのような定義に基づいているのだろうか。経営について語ることは、ともすれば大所高所から論を張る誘惑をもたらし、「公衆（public）」を操作的対象である「大衆」として思考する陥穽に嵌まってしまう。しかし、Web2.0 以降の時代にメディア産業について論じるには、「かつて聴衆と呼ばれていた、これまでとは異なる新たな存在（アクター）」を認め、理解することから始めなければならないだろう。(注1) この観点を抜きにしては、現在のメディア産業が直面している公共的な反感とそれに伴う経済的苦境を理解することは能（あた）わないからである。

　マスメディアの経営という観点は、このアクターを情報の受給者（recipient）として、あるいはより経済的観点からは産業の共有財（commodity）として、そして市民の価値に重きを置くならば能動的参加者（active participant）として認知させる。以下ではこの三つの観点に基づいて議論しよう。

　まず「受給者」としてのアクター観は、古典的マス・コミュニケーション観を継承したものだといえる。この観点に沿うならば、マスメディア産業は質の高い情報を提供する規範を負った存在と自認することになるが、同時にアクターを受動的消費者として位置付けた大衆観を強化することになる。この独善性の観点は、次に述べるような能動的参加者の反発を引き起こす。

　一方で、アクターを「共有財」として見なす観点の歴史は古いが（「視聴率」は共有財としてのアクター観に基づく概念であろう）、インターネット時代となってより洗練された巨大なデータの集積・操作手法がもたらされたことにより、再び強化された。(注2) この観点は、クリス

チャン・フックス（Christian Fuchs）がマルクス理論の現代的解釈に基づいて批判的に検討している「搾取」の構造論に接続する。[注3]すなわち、アクター＝聴衆は旧来の購買部数や視聴率への貢献に代わり、クリックやシェアといった労働を通じてメディア産業に貢献させられる。この搾取の構造に気付いているアクターはそのプライバシーが集積的に取引される対象となっていることに反発するのである。

　そして最後に、ソーシャルメディアによって確立された、メディアの「能動的参加者」としてのアクターの地位がある。アクセル・ブランズ（Axel Bruns）はこの地位を「生産的所有者（Prod-user）」と呼んだ。[注4]この観点は、メディア共有財としての「生産的消費者（prosumer）」という使い古された概念とは異なる。生産的所有者としてのアクターは、マスメディアの理想とは親和性が高い。すなわち、公共圏を指向する理念を一にする生産的所有者とメディア産業の協働は、ジャーナリズムを通じた民主社会の実現可能性と不可分である。

　現代のメディア経営論の多くが、これらアクターの位置づけを都合良く使い分けていることが、メディアの閉塞的状況を自ら招いている。メディア産業の現状打開策は、おそらく共有財としてのアクターの多数派の好みを拾い上げることではないし、それを受給者の経済系の中で最大化することでもないし、アクターの生産的所有物を喧伝する手助けをする役割でもない。

　一貫して情報コミュニケーション技術が民主社会に対し持つ可能性を擁護し続けているクレイ・シャーキー（Cray Shirkey）は、「情報の過負荷など無い。あるのはフィルタリングの失敗だけだ」と述べた。[注5]メディア産業が、かつて聴衆と呼ばれていた人々を、その生産的所有の可能性を涵養しながら受給者とも共有財とも等閑視せず、しかし産業としての存続に必要な果実を収穫し続けようとするならば、社会にとって有益なフィルタリングをもたらし得る公共的アーキテクチャとしての機能を探求し続ける必要があるだろう。メディアはもはやゲートキーパー

ではなく、開け放たれた情報の奔流を見守るゲートウォッチャーに過ぎない。[注4] グーグルやフェイスブックといった情報コミュニケーションのアーキテクチャを支配する巨人達が、公衆に対してかりそめの自由の感覚を提供することによって支配を実現している現代であるからこそ、巻き返しを図る旧来のメディア産業は、自由の実現をもたらすことを第一義に、不自由なフィルタリングの可能性に賭ける必要があるのだろう。

注

(1)　Lewis, S. C., & Westlund, O. (2015). Actors, Actants, Audiences, and Activities in Cross-Media News Work. Digital Journalism, 3 (1), 19–37.

(2)　Turow J. (2013) The daily you : how the new advertising industry is defining your identity and your worth. Yale University Press; 2011.

(3)　Fuchs, C. (2013). Social Media: A Critical Introduction. SAGE Publications.

(4)　Bruns, A. (2008). The future is user-led: The path towards widespread produsage. Fibreculture Journal, 11 (2008), 1–10.

(5)　Juskalian, R. (2008). Interview with Clay Shirky. Retrieved November 27, 2017, from http://archives.cjr.org/overload/interview_with_clay_shirky_par.php

第5章

メディアビジネスの未来

◎松井正、高橋直純、服部桂

 ニュースのマネタイズ

デジタル社会の進展と同時に、ニュースメディアの経営環境が厳しさを増している。その大きな要因は、破壊的イノベーション（技術革新）であるインターネットが、情報流通のコストや経路を激変させたことにある。流通コストの低下はメディア事業への参入障壁を下げ、情報爆発を生んだ結果、コンテンツの価値を下落させた。技術の進歩は大量の情報をプラットフォーム企業が集め、選別し、届けることを可能にし、流通の寡占化を引き起こした。破壊的技術の登場を前にしても、既存のメディア企業は過去の成功体験で身動きがとれず、市場の隅に追いやられる「イノベーションのジレンマ」に陥りつつある。メディアビジネスは再び収益モデルを見つけられるのか。ニュースのマネタイズ（収益化）の可能性を考える。

【広告モデル】
■「情報は無料」がネットの基本原則

米国防総省が軍事用の情報基盤として、1960年代に開発したインターネットは、その目的や生い立ちからも、ビジネスや金もうけとは無縁の世界だった。その後、軍事目的からは切り離されたが、引き続き研究・教育機関などの限られた組織が、資料やデータを共有する場として使われた。情報（コンテンツ）はユーザー全員の財産であり、金で買ったり広告を張ったりすべきではない存在だったのだ。

だが、1990年代に商用利用が認められると、インターネットは多数の一般ユーザーが使う巨大な情報流通路として、爆発的な発展を遂げる。それまで存在したアメリカオンライン（AOL）やコンピュサーブ（CompuServe）、日本のニフティサーブやPC-VANといったパソコン

通信では、サービス間に垣根があったため情報の相互流通が難しく、世界規模の情報網とは言えなかった。しかし、インターネットにはその垣根がないため、大きなビジネスチャンスを嗅ぎ取った人々が、様々な収益化のアイデアを投入し始めた。

コンテンツを広告枠とするバナー広告ビジネスや、モノやデータの売買、情報を整理・分類して提供するディレクトリサービスや検索サービス……。今も残るネットメディア、アマゾンのようなネット通販、ヤフーやグーグルのような情報整理サービスの原型が、一気に花開くことになった。

情報産業である新聞社も当然、次世代メディアの可能性をインターネットに感じていた。特にインターネットを生んだ米国では、放送網のように自ら巨額の建設費をかけて構築する必要のない情報インフラへの期待は大きく、持てるニュースや情報を収益化するビジネスの確立を、多くの会社が競うこととなった。

■マネーは目玉を追いかける…「無料」がニュースを席巻

シリコンバレーに拠点を持ち、ネット技術に親和性の高い新聞社がまず口火を切った。米国で初めて記事をネットに全面掲載したのは、週刊の地域情報紙「パロアルト・ウィークリー（Paloalt Weekly）」で、1994 年 1 月 19 日のことだった（次頁**図 1**）。[注1]　その後、シリコンバレーの地方紙サンノゼ・マーキュリー・ニュースなど、各社が次々とネットでニュース速報を開始。2 年後には全米 230 紙がサイトを開設し、紙で有料販売している新聞記事を、ネットではタダで読ませる"一物二価"の手法が世界を席巻することとなる。

当時、ニュースの課金にこだわる企業は、経済系メディア以外にほとんどなかった。その理由の一つが、欧米の新聞のビジネスモデルが、広告収入に偏っていたことだ。特に「広告 8 割、販売 2 割」と呼ばれるほど、米国では新聞の広告収入が大きく、販売収入は軽視されがちだっ

図1 世界で初めて記事コンテンツをネットに掲載した「パロアルト・ウィークリー」のウェブサイト（1994年1月19日の画面）。今もニュースサイトとして更新されている

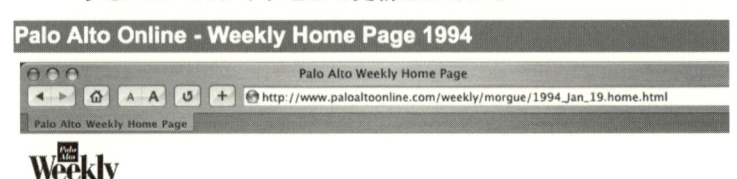

た。このためネットでも、情報を売るより、記事を多く掲載して読者（ユーザー）の目を集め、そこで広告収益を得ることに主眼が置かれた。"Money follows eyeballs."（マネーは目玉＝読者＝を追いかける）が共通認識となり、広告枠を増やすため、大量のニュースを無料でネットに掲載する新聞社が増えていった。

　ニュースは更新性が高く、常に新鮮なため、ネットユーザーの集客には最適だった。読者は急速に増え、それに伴って広告収入も急激に伸びたため、将来の電子新聞は広告モデルが支えるとの楽観的観測が支配的となった。実際には、総収入に占めるネットの割合は常に微々たるものだったが、期待感は多くの疑念を覆い隠した。

　これに対し、新聞社1社当たりの発行部数が米国より格段に多く、専売店による宅配制という強固なビジネスモデルを完成させていた日本で

は、無料モデルへの疑念は強かった。「販売6割、広告4割」の重要な販売収入を守るためにも、紙で有料の記事を無料では出せないという共通認識が強かったためだ。

だが、ネットの成長性への期待感も同時に強く、サンノゼ・マーキュリー・ニュースと提携していた朝日新聞は1995年、国内で初めて、ネットでの無料ニュース速報を掲載し始めた。あわてたライバル各社も、ニュースの二次利用という実験的な位置付けで、次々と追随した。情報量を絞るなどの制限をかけつつ、ネットの基本原理「情報は無料」を、新聞産業自ら推し進めてしまう結果となった。

■広告の行き詰まりと課金への転換

2000年のネットバブル崩壊はあったものの、インターネットは引き続き成長した。世界の新聞社は、米ウォール・ストリート・ジャーナル（WSJ）や英フィナンシャル・タイムズ（FT）などの経済紙を除き、多くが無料広告モデルを続けた。だが、2008年のリーマンショックを契機に、ネットの広告収入が、前年を初めて下回るという予想外の事態が発生した。

世界、中でも米ニュースメディアの衝撃は大きく、将来の経営を支えるはずのネットに、無料広告モデルしかないことへの危機感が一気に噴き出した。ここにきてニュースへの課金は、一般紙にも避けられない課題として認識され始める。インターネット商用化から15年、ようやく新聞社も気づいたのだった。

【有料課金モデル】

新聞やテレビなどのメディア企業は、多様な収益事業を行っている。ここでは新聞社を中心に、ニュースそのものによるマネタイズに限定して、ネットでの課金や外部配信など、広告以外のマネタイズの在り方について検討する。個々の事例については後ほど紹介するとして、ここで

はマネタイズ手法をいくつかのモデルに分類してみたい。

(1) メディア自身によるサブスクリプション（定額課金）

　一定額を継続的に支払う定期購読型の課金を「サブスクリプション」と呼び、様々な分野で利用が拡大している。音楽や動画、記事などのデジタルコンテンツに多く採用されるが、それ以外にもソフトウェア（マイクロソフト、アドビ）や自動車（ボルボ）など、商品を購入するのではなく、使用権を買う形態へと急速に応用が広がっている。

　新聞は長年、月額課金を続けてきたサブスクリプションの老舗だが、新聞社自らが課金する日本のネットサービスでは、日本経済新聞が2010年3月に始めた日経電子版が代表的な存在だ。米国ではNYTが2011年3月に開始し、当初はパソコンとスマートフォンだけの利用料として月額15ドル（約1650円）、紙の新聞とセットなら月額50ドル（約5500円）とした。

　サブスクリプションには、様々な手法がある。米WSJや英タイムズに代表されるのが、定期購読しないと記事をほとんど読めない「ハード・ペイウォール」（無料ゾーンでは見出しと前文しか閲読できない）。英FTやNYTのように月何本かまで無料で読めるものの、それ以上は有料となる「メーター制」。無料である程度使えるサービスになじませ、そこから高機能な有料エリアに引き込む「フリーミアム」などである。

　一部の新聞社はメーター制の制限を設けつつ、フェイスブックなどのソーシャルメディアでシェアされた記事は、カウントから除外する手法（「穴あきペイウォール」「漏れるペイウォール」などと呼ばれる）を採用。課金による来訪者数の減少を防ぎ、ソーシャルメディアでの拡散を促す方策となっている。

　また、アプリによる課金も行われ、毎日新聞は2012年にスマート

フォンやタブレット端末向けに、ビジュアル主体のニュースメディア「タップアイ（TAP-i）」を創刊したが、2015 年に休刊している。

（2）携帯電話会社を通じた少額サブスクリプション

　日本で 1999 年にサービスを開始した NTT ドコモの「i モード」は、コンテンツ提供者の情報コンテンツを携帯電話で閲覧する際、電話料金と一緒に料金徴収する仕組みを持っていた。ユーザーは課金の壁をあまり感じず、課金に応じやすかったため、モバイルコンテンツの有料市場が誕生した。新聞各社のニュース閲覧や、携帯メールによる速報など様々なサービスが提供され、料金は月額 100 円〜数百円と少額だったものの、大量の契約者を各社が獲得して高収益な事業として、世界に先駆ける事例となった。

（3）アグリゲーション型サブスクリプション

　アグリゲーションとは「集める」という意味で、国内においては雑誌や漫画の分野で拡大している方式だ。NTT ドコモが提供する「d マガジン」は、月額 400 円で 200 誌以上の雑誌などが読み放題となり、2017 年時点で 346 万人の会員を抱えている。雑誌の売り上げ減の要因の一つとも指摘されるが、雑誌メディアにとっては少なくないデジタル収入源ともなっている。

　新聞社では、ソフトバンクが出資する雑誌や漫画のサービス「ビューン」に、毎日新聞や西日本新聞などが参画し、出資しているが、記事の提供は一部にとどまっている。新聞記事がアグリゲーションされた例としては、カナダの「プレスリーダー（pressreader）」が、世界の 7000 紙を 1 日 1 ドルから閲覧できるサービスを提供している。また、オーストラリアの「インクル（inkl）」も、各社の記事を一括で読めるほか、記事 1 本ずつ支払って読めるサービスを行っている。

　なお、米ワシントン・ポスト（WP）は 2013 年にアマゾン創業者兼

最高経営責任者（CEO）のジェフ・ベゾス氏に買収されたが、同社サブスクリプションサービスの「キンドル・アンリミテッド（kindle unlimited)」で読めるようにはなっていない。当初は同社タブレット端末「キンドルファイア」で半年間無料で読めたが、現在は月額約24ドルとなっている。

(4) テーマ別サブスクリプション（バーティカルメディア）

　新聞メディアでも、「医療」や「経済」、「教育」、「スポーツ」など、特定の分野を切り出して課金をするサイトが増えている。読売新聞社の「ヨミドクター」は、月額200円で医療関連記事が読めるほか、「医療大全」「病院の実力」といったデータベースを活用できる。毎日新聞も、新聞本紙を購読している「愛読者会員」が月額500円をプラスすることで、「医療プレミア」「経済プレミア」を読めるサービスを提供している。

　地方紙では、地元の経済情報に絞って課金サービスを提供する事例が出ている。宮崎日日新聞の「みやビズ」（月額1000円）、西日本新聞の「qBiz」（新聞購読者は月額200円、それ以外は400円）、愛媛新聞の「E4」（月額864円）などがある。

(5) 記事ごとの少額課金（マイクロペイメント）

　元タイム編集長のウォルター・アイザックソン氏は、「タイム」2009年2月16日号の「どうやってあなたの新聞を守るか」という記事の中で、「iTunesを開発したアップル社が1曲 数セントで音楽コンテンツを配信するのに成功したように、新聞社は1つの記事に5セント、1日分の記事に10セント、1か月分の記事に2ドルといった課金を導入すれば、読者は喜んでクリックしてくれるはずだ」と、課金システムに希望を託した。[注2]

　現在は音楽配信サービスも、曲単位の課金のiTunesから、定額で聞

き放題の「アップルミュージック」「スポティファイ（Spotify）」など
サブスクリプション型に移りつつある。だがそんな中、ヤフージャパン
は 2017 年 11 月から、記事単位での課金を試験的に開始した。ヤフー
ニュースに記事を提供する出版社の記事を中心に、1 記事当たり 10 円
から 300 円で、Yahoo! ウォレットやＴポイントで支払える。オランダ
の「ブレンドル（Blendle）」も、ニュース記事 1 本ごとに金銭を払って
記事を読めるサービスを提供しており、注目を集めている。

（6）ポータルサイトへの記事配信
　「Yahoo! ニュース」を代表とするポータルサイトに対して、記事を販
売する手法。大手新聞社では、年間数億円の収入になるとも言われてい
る。

【国内メディアの動き】

　1995 年ごろから、インターネットへのニュース記事の掲載が始まっ
たが、その当時から有料化の必要性を指摘する議論や先駆的な取り組み
は行われてきた。しかし、いずれも取材経費を賄えるだけのビジネスと
して成立するには至らなかった。一時期は携帯キャリアを通じての少額
課金が成立していたが、スマートフォンの登場で無料情報の波にのみ込
まれざるを得なかった。国内メディアの動きと戦略を紹介する（**年表**）。

■日本では数少ない成功例「日経電子版」

　現在、国内のみならず世界的にも数少ない成功例として、日経電子版
があげられる。2010 年 3 月に開始し、2017 年 6 月には有料会員数 54 万
6877 人、うち電子版単独 32 万 7557 人を獲得。無料登録会員を含む電
子版の総会員数は、360 万 9700 人に達した（**グラフ 1**）。
　ちなみに、デジタルメディアの動向を報道するサイト「デジデイ
（DIGDAY）」によると、日経電子版の有料会員数は、米 NYT（2017 年

年表　日本の新聞社のネットメディアへの対応

1995	朝日新聞、毎日新聞、読売新聞がインターネット上にニュースサイトを開設
1996	日経新聞が「日経ネット」を開始 ヤフーが「ニュース速報」の提供を開始
2005	総務省の 2005 年度版情報通信白書で、「平均メディア利用時間」でネット利用時間は 37 分となり、新聞の 31 分を初めて上回る。
2006	産経新聞が個人ブログとニュースサイトを融合させた「iza」の本格運用を開始 共同通信と全国 52 地方紙のニュースを提供する「47 NEWS」がスタート
2008	朝日・読売・日経が「あらたにす」を開設 産経新聞が無料で新聞紙面を読めるスマホアプリ「産経新聞」の提供を開始
2010	日経新聞が「日経電子版」を創刊
2011	朝日新聞が「朝日新聞デジタル」を創刊
2012	読売新聞が購読者向け有料デジタルサービス「読売プレミアム」を開始
2013	朝日新聞と提携し「ザ・ハフィントン・ポスト・ジャパン」が設立 毎日新聞が購読者向けのデジタルサービス「愛読者セット」を開始
2014	朝日新聞が若者向けニュースサイト「withnews」を開設
2016	産経新聞が無料アプリ「産経新聞」を終了、定期課金の「産経プラス」を開始

※各社のプレスリリースや「新聞研究」（日本新聞協会）などから高橋作成

グラフ1　日経電子版有料会員数（人）の推移

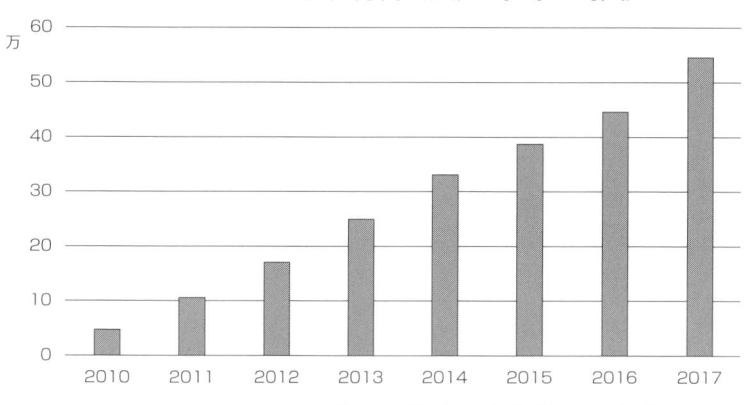

https://www.nikkei.com/edit/50special/pc/index.html
日経新聞サイトから（高橋作成）

グラフ2　主要な新聞社の紙とデジタルの部数（万）

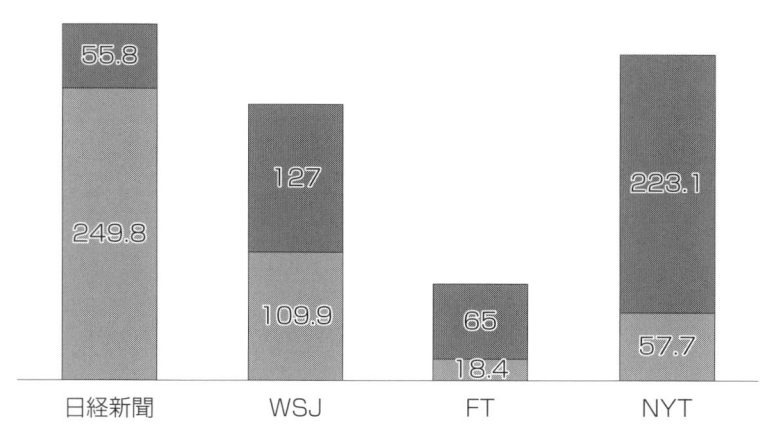

紙とデジタルの合計部数が最も多いのは日経新聞だが、欧米の経済紙やNYTはデジタルが紙の部数を超え、収益の柱となっている（各社データなどから松井作成）。

12 月時点 223 万人）、米 WSJ（同 127 万人）、米 WP（同 100 万人超）、英 FT（2017 年 4 月時点 65 万人）に次いで、世界で第 5 位の規模だという。(注3)

　有料購読には複数の料金体系があることが多いが、各社の平均的なコースを紹介する。2018 年 2 月時点で、NYT は週 2 ドル（約 220 円）、WSJ は週 12 ドル（約 1320 円）、WP は 4 週ごとに 10 ドル（約 1100 円）、FT は年間 335.4 ドル（約 36900 円）だ。これに対し、日経新聞電子版のデジタル単独は月 4200 円と、かなり高額だ。ただ、本紙（月 4900 円）を購読していると、月 1000 円の追加で購読できる。経済紙は一般紙の数倍の購読料でも、ユーザーを確保できることが見て取れる。

　日本経済新聞社電子版担当執行役員の渡辺洋之氏は価格設定について、「社内でも当初は半信半疑で、社外ではクレイジーだと言われた。月 40 ドルを取るサービスは当時ニュースメディアにはなく、世界中から『アダルトサイトを作るのか？』と言われた」と振り返る。(注4)

　コンテンツ面では、日経新聞は長くネットで公開する記事を、全記事の 3 割にとどめる運用基準があった。日経電子版では現在、1 日に掲載する 300 本程度の本紙全記事のみならず、日経グループ各メディアの記事を含め、電子版独自記事 600 本を加え、計 900 本を毎日掲載している。渡辺氏によれば、2017 年 11 月のリニューアルでは、「マーケットの開いている時間には記事を出す」という意識を徹底させているという。従来は新聞の最終版が出された後の午前 3 時に、スクープ記事をサイトに掲載することが多かったが、現在は「デジタルファースト」を徹底。午後 6 時のタイミングで、「イブニングスクープ」と呼ぶ特ダネなども掲載するようになったという。

　また機能面の改善では、スマホ向けブラウザーでの表示速度が従来比で 2 倍になったことを、リニューアルの売りとしている。サービス開始当時は、ソフトウェア開発をほぼ全て外注していたが、現在では 20 人を超えるエンジニアを含む 100 人以上のメンバーが自社内で開発・運用

しており、そのことで可能になったといえるだろう。

■課金に挑戦する一般紙

　一方、経済紙以外の新聞社も、課金に挑戦している。朝日新聞は2011年5月に、ネットでの有料課金サービス「朝日新聞デジタル」を開始した。月額3800円だが、朝日新聞本紙（月4037円）を購読していると、月額1000円の追加で購読できる。日経新聞に準じた価格設定となっている。2016年3月時点で有料会員27万5千人、デジタル会員全体で249万人と発表している。また、デジタル版の有料記事が月300本まで読める「シンプルコース」を、月額980円で提供している。

　毎日新聞は2013年12月に「愛読者セット」という形で、電子版の提供を始めた。本紙購読者なら、追加料金なしで電子版を利用できる。2015年6月には「デジタル毎日」として、電子版のみの提供も開始。さらに2018年3月からはメニューを増やし、電子版を「スタンダード」（月額980円、本紙購読者は無料）と、特典付きの「プレミアム」（同3200円、本紙購読者は500円）に分けたほか、24時間読み放題の「ワンデー」（100円）も追加した（価格はいずれも税抜き）。

　また、記事の有料課金として、1996年には月額500円で電子メールの配信、2000年にはビジュアル主体のニュースマガジン「Photo-J」や、2012年には後継に当たる「毎日スポニチTAP-i」など先駆的な取り組みを行ってきた。しかし、いずれもビジネスとしては成立させることができず、撤退している。

　最も先鋭的だったと言えるのは産経新聞だ。2008年から長らく、スマートフォン向けアプリで、その日の新聞の紙面イメージを無料で読めるサービスを提供した。ただ、2016年には無料版を終了し、月額1800円の有料アプリとなった。新聞本紙とのセット割引などは設けられていない。

　デジタルでの有料化に慎重なのが読売新聞。電子版としては、本紙購

読者向けの「読売プレミアム」を月額 150 円で提供しているが、デジタル単体では購読できない。

■高まるコンテンツの価値

　世界的に見ても現時点では、ネットでの有料課金による経営の可能性をうかがわせるのは、経済紙ぐらいだと言わざるを得ない状況である。世界中が読者となり得る NYT であっても、購読料は月額 1000 円程度で、人口が減少していく国内読者を主たる読者とする日本のメディアにとっては今後、ますます厳しい経営環境になるだろう。

　一方で、ビジネスがネット主体になるにつれ、無数のサービスの中で認知を得て集客する手段として、コンテンツの価値自体は高まっている。PV を稼ぎ出す人気のコンテンツは「おもしろ動画」かもしれないが、常に新しい（new）コンテンツを生み出し、人を引き付けるニュースの重要性は変わらない。

　弁護士紹介サービスの「弁護士ドットコム」は集客の手段として、法律的な視点での時事問題を扱うニュースサイトを運営している。同社はヤフーニュースなどにも記事を配信しており、トピックスに入ると、自社サイトへの流入も急激に跳ね上がる。医療分野でも、製薬会社の情報提供を支援する「エムスリー（m3.com）」や「メドピア」といった医療情報サイトは、医療ニュースを集客の主たる手段としている。

　これらのサイトでは、一般紙から購入する記事などを配信するだけでは他社との差別化ができないとして、自社で記者、編集者を抱えオリジナル原稿の制作を拡大させる戦略を採っている。

　自社ビジネスに集客することで、単に広告を掲載するより、はるかに効率よく収益化を実現しているとみられる。経済紙と同じく専門に特化した領域だからこそと言える。いまだにニュースに価値があることの証でもあろう。情報を提供して顧客の囲い込みを図る企業オウンドメディア（自社サイト）もますます増えている。

　これまでマスメディアが担ってきた「ジャーナリズム」と呼ばれる公共性の高いニュース制作の営みまでが、こうしたサイトに取って代わられるとは思えないが、人を引き付けるニュースを作る能力を持ち続けることこそが、公益性の高い、新しく持続的なビジネスの創造につながっていくのではないだろうか。

【海外メディア】
■経済紙は当初から課金、一般紙は出遅れる

　海外のニュースメディアでは、日本より速いペースで「紙からデジタル」「無料広告モデルから有料課金モデル」という二つの変革が進んでいる。特に、経済紙の米ウォールストリート・ジャーナル（WSJ）と英フィナンシャルタイムズ（FT）は、かなり早くから課金によるデジタル移行を目指してきた。日経電子版より13年早い1997年に課金を導入したWSJは現在、紙の部数110万部に対し、デジタル会員127万人を獲得。2001年から課金を始めたFTも、紙の18万部に対しデジタル会員65万人と、いずれもデジタル課金が主な収益源として機能している。

　経済紙以外の一般紙も、これまで課金を軽視してきた訳ではない。むしろ、再三にわたり挑戦したものの、会員獲得や収益の確保に苦しみ、撤退を余儀なくされた歴史を持つ。その先兵が1851年創刊、米国屈指の高級紙とされるニューヨーク・タイムズ（NYT）だ。「灰色の貴婦人」と呼ばれる同社は過去に2度、サブスクリプション型の課金に挑戦したが、撤退した苦い経験を持つ。

　早くからネットの可能性に気付いていた同社は、インターネット黎明期の1996年には、既に「半課金サイト」を試行していた。紙の新聞を購読可能な米国在住者にはネット記事を無料で公開する一方、海外在住者には課金する「一物二価」のモデルを採用した。しかし、海外在住者の不興を買い、2年間で3200人の有料会員を集めただけで、98年に終了した。

　2度目の挑戦は2005年、著名人のコラムや過去記事を有料で提供するプレミアムサイト「タイムズ・セレクト」だ。本体ニュースサイトとは別のサイトに課金するモデルで、初年度は13万5千人の有料会員を集めた。だがその後、会員増加ペースが低下し、コラムニストからも「有料では自分のコラムが読まれない」とクレームが相次いだ。結局、本体サイトの広告収入が好調なこともあり、22万人強の有料会員を集めたものの、2007年にサイトを閉じた。

　ところが、その直後にリーマンショックが発生。右肩上がりで伸びていたネットの広告収入まで前年割れとなる緊急事態となり、社内には「広告モデルだけのデジタルでは危険だ」との認識が一気に強まった。紙の新聞の部数が100万部を割り込み、経営危機がささやかれる事態を迎え、同社は3度目の課金を決断する。

■ NYT がメーター制で起死回生の課金

　2011年3月、起死回生を狙う NYT の課金が始まった。過去に失敗した別サイト制は採らず、本体サイト「NYT デジタル」で勝負に打って出た。毎月20本まで記事を無料で読め、メーターの針が上限に達すると有料登録が必要となる「メーター制」を採用した。

　当時は成功を疑問視する声が圧倒的に多い中、同社は事前に徹底的なユーザー調査を実施。世界の新聞界が固唾をのんで見守る中、課金モデルは集客に成功し、開設後1年半で会員数50万人を達成した。2年後には本紙購読者の77万人も抜き去り、増加ペースはその後やや弱まるものの、メールマガジンや SNS の活用で、2015年には100万人の大台に乗せた。

　2016年以降はトランプ旋風の追い風も受け、増加ペースは再び急上昇。2017年7月には、前年同期比66.7%増、1年間で81万人もの新規会員を獲得し、デジタル有料会員は世界の新聞社で初めて200万人の大台を突破する。2017年末現在、会員数はニュース部門だけで223万人、

グラフ3　NYT のデジタル有料会員数（万契約）

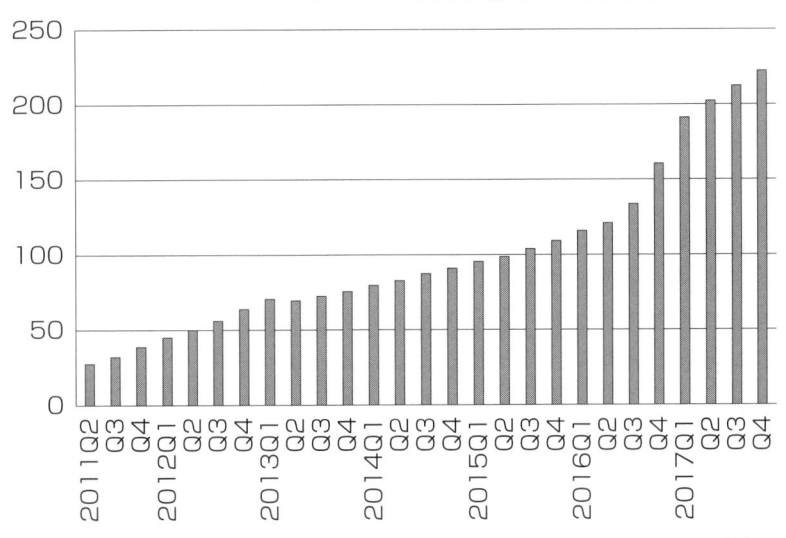

NYT のデジタル有料会員数の推移。トランプ旋風が吹き荒れた 2016 年後半以降は急激な伸びを見せ、世界の新聞社で初めて 200 万人の大台に乗せた。下の年号の後の「Q」は四半期（NYT 資料より松井作成）

クロスワードパズルや料理レシピサービスも加えると、総計 264 万人にのぼる。

　アナリストが事前に予測したデジタル会員数の最大値（100 万人）の2 倍以上という成功を収めた。課金収入も年間 3 億 4 千万ドル（約 374 億円）と、前年比で 46％増やした。

■2つの報告書で社内意識を改革

　同社は 2014 年、「イノベーション（改革）リポート」と題した 100 ページに及ぶ内部報告書を作り、これが外部流出して広く知られることとなった。このリポートは危機感に満ちており、バズフィードやヴォックスなどの新興メディアもライバルと想定。新たな読者の開拓と、紙の新聞製作に縛られた古い編集局の意識変革を強く求めていた。

　同社は 2012 年、英 BBC のデジタル化を率いたマーク・トンプソン

図 2　NYT が作った報告書「イノベーションリポート」（2014 年、左）と、2020 グループによる「孤高のジャーナリズム」（2017 年）

会長を CEO に招請する大胆な経営刷新を行う。新聞事業には素人だったが、2015 年にはデジタル収入を倍増させ、年間 8 億ドル（約 880 億円）とする目標を掲げた。さらに翌 2016 年には、「デジタル会員 1000 万人」を目指すなど、大胆なデジタル化にカジを切った。

　2017 年、同社は社員 7 人の「2020 グループ」を結成し、再び報告書を作成した。今回は一転して、改革の成果を紹介する自信に満ちたものとなり、自ら公表した。社内の意識改革が進み、課金への転進が広告単価をも上昇させつつある現状を紹介しながら、2020 年に向けてビジュアルな報道、デジタルへの適合、スタッフ教育や外部人材の採用など、具体的な道筋を示した内容となっている。

■課金ファーストで「紙の終了」も視野に

　経営指標からも、「課金ファースト」への変化は見て取れる。かつて、全収入の 8 割近くを占めた紙の新聞の広告収入は、2017 年には

17%にまで縮小。これに対し、四半期ごとに10万人ペースで増えたデジタル有料会員は、紙の読者（2016年で55万人）の4倍近くに達した。広告収入が8割を占めた時代は過去のものとなり、紙とデジタルの販売収入が全収入の62%を占め、広告収入を逆転した。米メディアコンサルタントのケン・ドクター氏は、「激減する本紙広告への依存率の高さに苦しむ他社とは異なり、NYTは今後増収が目指せる数少ない新聞となった」と高く評価する。

　だが、トランプ旋風の沈静化もあり、ニュースの課金だけでは限界も予想される。そこで、重荷となっている印刷・配送コストの解消に向け、同社は紙の新聞の廃止も視野に入れ始めた。モノを作り届ける必要のないデジタル事業は、配送先が増えるほどコスト効果が高まり、紙のビジネスにはない強みとなるからだ。

　ロイター通信コラムニストのジェニファー・サバ氏は、もし同社が紙の新聞の印刷をやめると、収入は58%減るものの、コストも40%削減できると試算した。そして、利益を2016年の1億5000万ドル確保するには、デジタル会員を新たに140万人獲得する必要があるとしている。これは非常に野心的な数字ではあるが、今の同社にとっては、あながち不可能とも言えない数字だと、同氏は考えている。[注5]

　同氏は「NYTが紙をやめる最大の障害はむしろ、『印刷に値する全てのニュースを報道する』という1896年以来のモットーかも知れない」と語っている。NYTによる紙の新聞の終了、完全デジタル化への決断がいつ下されるのか、業界全体が注目している。

■NYTの成功は模倣できるのか？

　英語圏の新聞社にとって、NYTの成功は心強い先例だ。というのも、同社サイトを訪問する月間7500万ユーザーのうち、17%に当たる1300万人は、海外からのアクセスだからだ。少部数の地方紙が多い米国では、紙でニュースを届けられる範囲は限定的だが、ネットなら市場が一

144

気に広がり、国内全土ひいては海外からも、読者を獲得できる可能性が
あるからだ。

　NYT の成功を追って課金に乗り出す新聞社は、全米でも急増してい
る。アメリカン・プレス・インスティチュート（API）の調査では、
2015年時点で部数5万部以上の米国の新聞社の78％が、既に課金を行っ
ていた。[注6] 2013 年にアマゾン CEO のジェフ・ベゾス氏に買収された
WP は、公表していないものの、デジタル有料会員が 100 万人を超えた
とされる。

　だが、この成功を他の新聞社が追随できるかどうかは、まだ不透明
だ。米ポインター研究所のメディア分析家リック・エドモンズ氏によれ
ば、NYT が 2017 年第 2 四半期に獲得した 9 万 3 千人という有料会員の
数は、米大手新聞グループ・マクラッチー傘下の 31 の新聞社が獲得し
たデジタル有料会員を、すべて足し合わせた数に等しいという。[注7] こ
れは 1 紙平均わずか 3 千人に過ぎず、高級紙 NYT の成功は、米国でも
極めて特殊な事例と受け止められていることを意味する。ニュースに金
を払う顧客の獲得はそれほどに難しく、特に長年無料で大量のニュース
をネットに載せてきた米国の新聞にとっては、高いハードルといえる。
デジタル分野でのニュースのマネタイズは、一握りの勝ち組新聞社以外
にとって、依然困難な道のりだと言わざるを得ない。

注

(1)　Palo Alto Weekly「Palo Alto Weekly launches Internet project」1994 年 2 月 9
日

(2)　How to Save Your Newspaper, TIME, Feb. 16, 2009 http://content.time.com/
time/covers/0,16641,20090216,00.html

(3)　「日経電子版アプリ、老舗が挑む「内製化」へのこだわり：デジタル時代の
ユーザー指向とは？」デジデイ　2017/11/6
https://digiday.jp/publishers/user-oriented-means-hearing-users-inexpressible-

voices/

（4）　2017 年 11 月 30 日にインタビュー

（5）　コラム：ニューヨーク・タイムズ紙、完全デジタル化の勝算、ロイター、2017
年 7 月 29 日 https://jp.reuters.com/article/new-york-times-digital-breakingviews-
idJPKBN1AD0OU

（6）　Paying for Digital News: The rapid adoption and current landscape of digital
subscriptions at U.S. newspapers BY ALEX T. WILLIAMS, American Press
Institute
PUBLISHED 02/29/16

（7）　New York Times aims to satisfy a new kind of digital subscriber, Rick
Edmonds, The Poynter Institute, ·JULY 27, 2017

◆参考文献

Kimberly Patch for the Case Consortium @ Columbia and the Graduate School of
Journalism 『Salvation or Mirage? The New York Times Paywall』 2012

The New York Times 『Innovation Report』 March 24, 2014

The New York Times 『THE REPORT OF THE 2020 GROUP　Journalism That
Stands Apart』 January 2017

 ニュースの再構築

　ソーシャルメディアやスマートフォンの普及とともに、これまで既存メディアの補完的存在として扱われてきたデジタルメディアが、急速に存在感を増している。「ニュースをデジタルでも伝える」という意識から、「既存メディアではできない表現や伝え方に挑戦する」場へと進化しているためだ。動画や音声、動く地図、データの可視化、の双方向のやりとり——。「デジタルでも」から「デジタルならでは」へと変革する世界のメディア状況を紹介する。

■マルチメディア報道の胎動

　デジタルならではの表現として最初に登場したのが、「マルチメディア」だ。インターネット商用化の数年前、1980年代後半にブームとなったマルチメディアとは、動画や音声、グラフィックなどをテキストと組み合わせ、リッチな表現を双方向で行うメディアだ。3Dグラフィックを駆使したゲーム「スペースシップ・ワーロック」の大ヒットを契機に、ビジュアルな動物図鑑や写真集などが、CDロムを媒体に飛ぶように売れ、ブームとなった。スティーブ・ジョブズ復帰前のアップル社が、カラー化したマッキントッシュをクリエイティブツールとしてアピールし、国内の様々なPCメーカーも「マルチメディアパソコン」を競って世に出した。

　この表現を可能にしたのが、マクロメディア社の「ディレクター」など「オーサリングツール」と呼ばれる編集制作ソフトだ。特に、アニメーションや双方向インタフェース作りの技術は後にアドビ社に買収され、「フラッシュ」としてマルチメディア報道の中核技術となった。フラッシュはネットのダイナミックな表現を一手に担い、1990年代後半

から報道表現で花開く。

　1996年には、米新聞協会（NAA、現米ニュースメディア協会＝NMA）が、ニュース分野の斬新な表現を表彰する「デジタルエッジ大賞」を創設。2000年代初頭にかけ、印象的な作品が多数登場した。米国では、警察官や消防士などの仕事を写真と動画で紹介するスター・トリビューン（ミネアポリス）の「公共のヒーロー」や、カトリック教会の児童への性的虐待を、ボストン・グローブ（ボストン）が暴いた調査報道「スポットライト」特集。同じく同紙が、ハーバード大学に入学した全盲の女子学生の生活を、日曜版とサイトで同時に追った大作「エミリーの物語」（**図1**）など、意欲的な報道が多数生まれた。

　ボストン・グローブはこれらの報道で、2004年と2006年のデジタル

図1　2006年の米新聞協会デジタルエッジ大賞を受賞したボストン・グローブのマルチメディア作品「エミリーの物語」。今でも同社サイトで見ることができる

http://archive.boston.com/news/specials/emily/

エッジ大賞「最も革新的なマルチメディア報道部門賞」を受賞。当時作られた他社作品の多くは、既にサーバーから消えてしまっているが、ボストン・グローブの作品は今も当時のまま残されている。時代を映す高品質なデジタル報道が失われつつある現状は、新聞が持つ記録性や公共性を維持する上でも、大きな課題だと感じる。

■没入型「イマーシブ報道」の登場

新聞報道にビジュアルな広がりと感動を与えたマルチメディア。さらに「物語の伝え方」（ストーリー・テリング）の息吹をそこに吹き込んだのが、「イマーシブ・ジャーナリズム」だった。イマーシブとは英語で「没入する」「没頭する」という意味で、「没入型ジャーナリズム」などと訳される。

その表現は、ウェブブラウザーをスクロールしながら、全画面に記事や動画が次々と表示されるダイナミックなもの。まるで、マルチメディア表現の巻物を読み進むような体験を提供している。

その背景には、マルチメディアを担ったフラッシュ技術が、2000年代後半からセキュリティ面の問題などで、徐々に敬遠され始めた事情がある。新たな表現として、様々なプログラムを組み合わせた「HTML5」が台頭した。記事をスクロールする動きとずらしながら、写真や動画を適切なタイミングで表示する「パララックス」技法が用いられた結果、コンテンツへの没入が可能になった。

米ニューヨーク・タイムズ（以下、NYT）は2012年末、西海岸ワシントン州で発生した雪崩事故を詳細に取材・検証し、克明に再現したイマーシブ特集「スノーフォール」（**図2**）を公開した。長文の記事と大量の写真や動画、事故現場の3次元CG、気象条件の衛星動画などを組みあわせ、6章にわたって事故と救出の模様を描いた力作だ。この作品は2013年、米国報道界で最高の栄誉とされるピュリツァー賞の特集記事部門賞に選ばれた。

**図2　2013年の米ピュリツァー賞特集記事部門賞に選ばれたNYT
の報道作品「スノーフォール」。豊富な動画や写真がイマーシブ
技術を駆使して展開される**

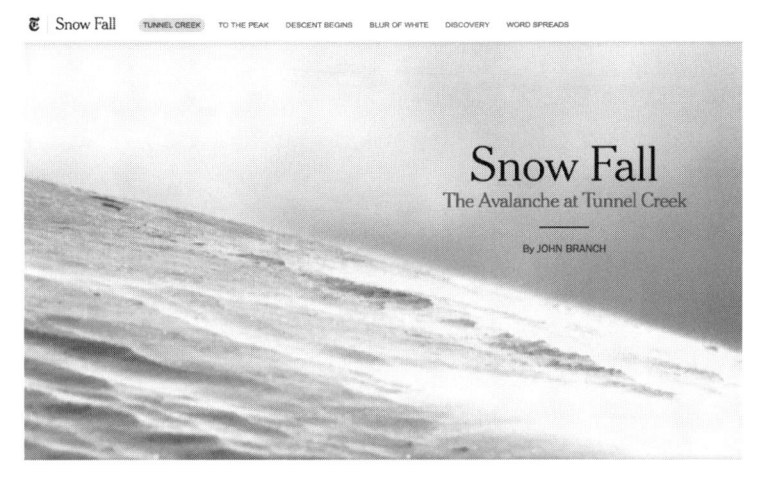

http://www.nytimes.com/projects/2012/snow-fall/

　これを機に、イマーシブ報道ブームが到来。NYTと並ぶデジタル報
道の雄・英ガーディアンは2013年5月、豪タスマニアでの大規模火災
を、イマーシブ特集「ファイヤーストーム」として公開した。[注1] 携帯
電話で撮影した現場映像を全画面で動く背景として用いるなど、より洗
練された表現が印象的な作品だ。日本でも翌2014年2月、ロシアのソ
チオリンピックで、フィギュアスケート浅田真央選手のフリー演技終了
直後に、朝日新聞が「ラストダンス」を公開した。[注2] 浅田選手の子供
の頃からのスケート人生や、ライバルの韓国・キムヨナ選手との闘いの
軌跡を描いた作品で、公開3日間で閲覧数が100万を超える大きな反響
を呼んだ。読売新聞も8月、開業から50年を迎えた東海道新幹線を特
集したイマーシブ作品「新幹線半世紀の旅」を公開。[注3] プロジェクト
の経緯や関係者の証言、開業日の映画ニュースの動画などを盛り込み、
東京〜新大阪間で実際に撮影した車窓の風景を、動画と記事で紹介し

た。ここにネイティブ広告の紀行を盛り込むことで、収益化も目指すユニークな特集となった。イマーシブ技術を競う新聞社のデジタル特集が、世界中で展開されることとなった。

■双方向型のビジュアルツール活用も

ブームとなったイマーシブだが、その制作には大きな労力を要する。スノーフォールは半年、ラストダンスも3ヵ月の日数をかけ、記者やエンジニア、ウェブデザイナーらが試行錯誤を重ねる労働集約的な手法のためだ。結果として社会に影響を与え、評価を得られるものの、収益には必ずしも直結せず、技術力も必要なため、小規模メディアにとってはおいそれとは手を出せない手法でもある。

そのため、コストをかけずにツールとして、マルチメディアを活用する表現も出てきた。その一つが2011年3月、NYTが東日本大震災の直後に、デジタルで掲載した写真特集「日本の衛星写真～地震・津波の前と後」だ。

スタッフが少なく、国内メディアほど現地取材に人を割けない同社は、以前から開発してきた双方向な写真ツールを活用した。グーグルマップなどに使われる米ジオアイ社の衛星写真を使って、震災の前と後に同じ場所で撮られた写真を、重ね合わせる形で掲載。マウスでスライダーを左右に動かすと、ユーザーが自由に2枚の写真を比較して見られるよう工夫した。東京電力福島第1原子力発電所の水素爆発の前後や、宮城県、福島県などの被災地の様子を収録。津波の被害などを一目瞭然で比較でき、単に写真を横に並べた場合とは全く異なる体験を与えることに成功した（**図3**）。柔軟なアイデアがあれば、シンプルなツールでも効率的にメディアの機能を生かせることを、改めて印象づけた事例といえる。

**図３　東日本大震災のわずか２日後に、NYTが掲載したツールによ
る写真特集。スライドバーを左右に動かすことで、ある場所の
震災前（左）と後の様子が衛星写真で比較できる**

http://www.nytimes.com/interactive/2011/03/13/world/asia/satellite-photos-japan-
before-and-after-tsunami.html

■データジャーナリズムへの進化

　パソコンや分析ツールの進歩と低価格化で、誰でも知識や経験があれ
ば、データを分析することが可能な時代になった。1990年代には、「コ
ンピューター支援報道（CAR）」という分野が発展し、埋もれた事実を
データから掘り起こし、ビジュアルなグラフや画像で世に問う「データ
ジャーナリズム」が誕生してきた。フロリダの地方紙マイアミ・ヘラル
ドは、ハリケーンによる家屋の損害パターンを分析し、建築基準法緩和
の悪影響が被害規模を拡大したことを地図で示し、1993年のピュリ
ツァー賞を受賞している。

　数字だけでは理解しにくい分析結果を、動くグラフや地図など一目で

分かるビジュアル表現にする手法は、特にデータを多用する選挙報道の分野などで効果的だ。新聞社は近年、選挙システムのデータをリアルタイムで処理し、テレビの開票速報と張り合う形でネットで選挙速報を展開してきた。

テレビ放送では、視聴者は流れる番組をそのまま見ることしかできないが、ネットなら自由に画面を操作することが可能だ。刻々と変わる開票状況のグラフから、関心のある選挙区や候補者に飛び、当落判定や情勢分析などを見ることも可能だ。デジタル報道の双方向性を生かす真骨頂として、新聞各社は工夫を続けている。

2016年11月の米大統領選では、NYTがトランプ・クリントン両候補のどちらが有利かを、三つのメーターで表示し話題となった。当初はクリントン候補側にあったメーターの針が、徐々に赤いトランプ陣営に振れ始め、ユーザーはリアルタイムで米国の未来を決める動きを目で見ることができたのだ。[注4]

■統計学者が選挙のプロに圧勝

データ分析が脚光を浴びた事例としては、NYTの選挙ブログ「ファイブサーティエイト」が挙げられる。米大統領選の選挙人の数である538を、そのままタイトルにしたものだ。運営責任者の統計分析家ネイト・シルバー氏は、2012年の米大統領選で、全米50州の選挙結果を完璧に当て、並み居る選挙専門家に勝利した。彼は世論調査結果のバイアスを独自の指標で修正し、統計学的手法で解析した。信条や政治状況に流されないドライな手法が特徴で、その後シルバー氏はNYTを離れ、自らのサイトを設立して現在に至る。

ビジュアルな表現は、記事で説明するより理解が早いケースも多い。米ブルームバーグの特集「2015年は過去最も暑い年だった」（現在は2017年版に更新）は、シンプルでありながら、効果的なデータ表現で作られている。20世紀の平均気温に対して、1880年以降の毎年の月平

均気温がどの程度上がっているかを、シンプルなグラフにし、時間の経過とともにアニメーションで動かした作品だ（**図４**）。グラフは踊るように変化し、やがて1900年代後半から、急激に上昇していく。「地球温暖化など存在しない」との主張が一部では起きつつある中、気温の上昇

図４　ブルームバーグの地球温暖化に関する特集記事。2017年は16、15年に次ぐ暑い年だったことが、動くグラフで一目瞭然で理解できる。毎年記事はデータを積み重ねて更新されている（ブルームバーグのウェブサイトより）

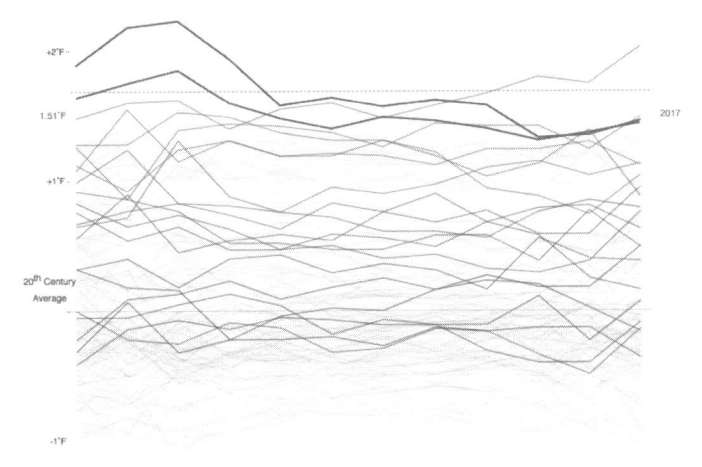

https://www.bloomberg.com/graphics/hottest-year-on-record/

を一目瞭然で理解できる作品として、強い印象を与えている。

　世界各国で、データを分析し可視化する報道は盛んになり、「コンピューター支援報道（CAR）」の研究や啓発が続いている。NICAR（ナイカー）主催の勉強会が、毎年全米各地で開かれている。日本でも企業の枠を超えて、解析ツールや分析手法を学ぶ勉強会が開かれており、日本記者クラブは「記者ゼミ」として年間の講座を開いている。

■解説するジャーナリズム…VOX

　既存メディアには、新聞や書籍なら印刷スペース、テレビやラジオでは放送時間など、物理的な制約が存在する。しかしデジタルメディアには、記事の収容量や動画の貯蔵量に、制約はほぼないに等しい。サーバーにデータを収容するコストは劇的に下がり、事実上無限のデータ量が確保できる時代が到来しつつあるためだ。

　だが、デジタルメディア時代に入っても、かつての制約からくるルールを形式的に引きずっている側面もある。文章と写真をレイアウトして構成する「記事」のスタイル、時間軸に沿って物事を伝える「番組」などはその一例だ。そこで、物語の伝え方自体を変革しようとする新たなデジタルメディアも登場してきた。

　米ニュースサイト「ヴォックス（VOX）」は、ニュースの再構築を目指す新興メディアだ。スポーツサイトの「SBネーション」、テック系サイト「バージ」など7つのサービスを持つヴォックスメディア社が、14年に開設した。ワシントン・ポストを飛び出したスタッフで、政治ブログを担当していたエズラ・クライン氏、記者兼エンジニアのメリッサ・ベル氏らが創設メンバーだ。

　同社の基本的な精神は「ニュースを解説するジャーナリズム」だ。新聞やテレビがメディアの特性によって縛られてきた表現フォーマットを、ネット時代に解放するのが目的だ。例えば、新聞が伝統的に用いてきた「逆三角形」で書く記事のスタイルは、最初に全体概要の「前文」

や「本記」、続いて雑感や背景の解説などが続く構成だ。重要な要素を最初に長めに書き、紙面が狭くなっても記事を後ろから切ることで、ニュースの核心を伝えられる利点がある。

　しかしVOXでは、印刷スペースに制約がないデジタルメディアで、過去からの経緯やニュースの意味を若い読者にも理解してもらえるよう、デジタル技術を活用した工夫をしている。記事素材を管理するCMS（コンテンツ管理システム）「コーラス」を自社開発し、傘下8メディア全てで運用。題材ごとに最適な手法を使えるようパターンを用意し、NYTが東日本大震災時に使った写真のスライドバーや、アニメーションを使った動く地図、簡単にクイズを作るひな型など、35種類のツールを準備している。

　また、「カードスタック」という手法も導入した。スタックとはカードの"束"を意味する。例えば「イスラエル・パレスチナ問題」に関して、「そもそもどういう問題か」「なぜ彼らは戦うのか」「ガザとは何なのか」など基本的な要素を、タイトルと短い説明で書かれた1枚のカードにする。これを集めて束（スタック）にし、ニュースの背景や用語解説として提供し、理解を助けている。

　いわばニュースのモジュール（部品）化で、作成に人手がかかり、定期的な更新も必要な「労働集約型コンテンツ」のため手間がかかるのが難点だが、ニュース解説機能として評価されている（**図5**）。

■過激な動画が若者を惹きつける…ヴァイス

　メディアの表現形態として今、急激に伸びているのが動画だ。調査会社eマーケターによると、米国の動画広告支出は2016年に100億ドル（約1兆1000億円）を突破、2020年までに180億ドル（約2兆円）を超えそうだという。これまで長い間、テレビの独壇場だった動画においても、ネット技術の進歩で環境は劇的に変わりつつあり、特に「ミレニアル世代」と呼ばれる若者の間で爆発的な人気を呼ぶメディア企業も現

図５　Vox のカードスタックには、重要なテーマを様々な側面から解説するカードが作られ、それが束（スタック）となってユーザーの理解を助けてくれる（Vox のウェブサイトより）

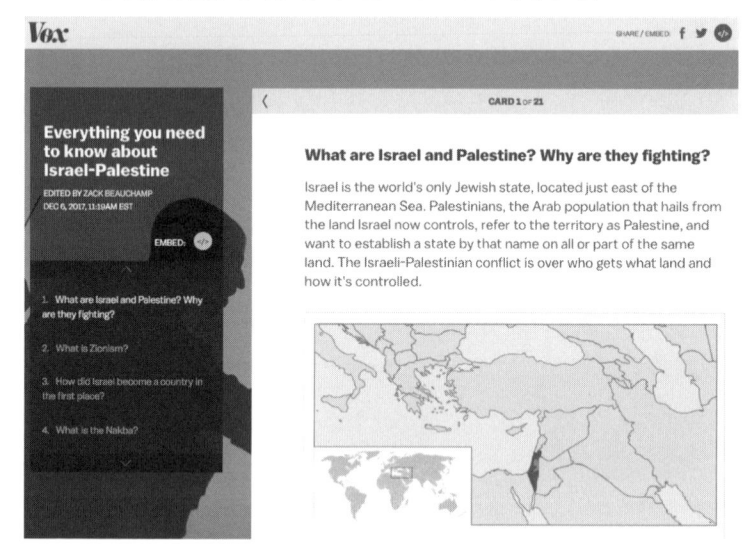

https://www.vox.com/cards/israel-palestine/intro

れた。1994 年にカナダで設立された「ヴァイス（VICE）メディア」だ。

　同社は無料誌からスタートし、パンクやファッションなどの若者カルチャーに特化することで急成長。ニューヨークに拠点を移した後は、サイトや動画コンテンツに参入した。音楽ドキュメンタリーから国際的な紛争、環境問題まで、取材コストがかかる報道も手掛けるようになった。今ではサイトやテレビで 13 のチャンネルを世界で運営し、月間 1 億人以上が見る巨大メディアに成長した。

　ヴァイス（悪徳）という名前を冠するだけに、そのコンテンツは若者目線で作られ、やや行儀の悪い、従来のジャーナリズムと一線を画したものだ。タトゥーやギャングの抗争、ドラッグなど過激なテーマを扱うため、ユーザーの好き嫌いは激しい。記事の見出しも過激で、「合成麻薬はマリファナより安全と判明」「正当な理由なしに、警察はあなたの

図 6　Vice の記事や動画には過激なテーマの作品も多いが、目線は若者に近く、ホームレスやドラッグなどの問題に鋭く切り込んでいる。（Vice Video のウェブサイトより）https://video.vice.com/

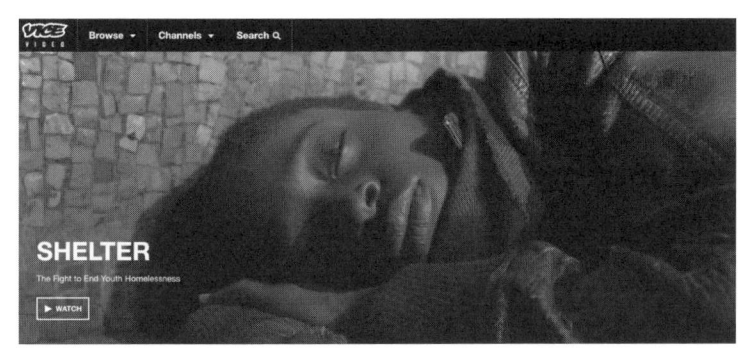

BROADLY SHORTIES / S1 EP59
The True Origins of Box Braids

VICE NEWS TONIGHT ON HBO / S2 EP231
What it's like inside an experimental, veterans-only jail housing unit

DESUS & MERO / CLIP
Game Night with Jesse Williams

DESUS & MERO / CLIP
U.S. Senator Kirsten Gillibrand (Extended Cut)

携帯をハックする」など、長い見出しの挑発的な記事も多い。

　一方で、低い目線から語りかけるルポは、若者の共感を呼んでいる。ポルノや保守などには流れず、世界の紛争地帯や貧困地区の実態など、取材困難なテーマにも果敢に挑戦（**図 6**）。変わったところでは、「アイスランドのバイキングの血を引く怪力男」を現地で取材し、2000 万回近くもユーチューブで見られたりもしている。品行方正なテレビに飽き足らない世代の共感を呼んで「若者の BBC」と呼ばれ、シェーン・スミス CEO 自身も、「ストリートのタイムワーナー」と自負する。

　同社は日本を含む 36 の国と地域に支社を持ち、社員数は 3000 人。財務状況は公開されていないが、2015 年度の売り上げは 5 億ドル（約 560 億円）と言われる。ディズニーなどの出資で時価総額も 57 億ドル（約

6380億円）に達し、バズフィードやVOXを大きく引き離す。エッジの利いた他にない切り口の報道であれば、若者の関心を集めて収益を生み出せることを、ヴァイスは証明しつつある。

■ CNNの新チャンネルが若年層を開拓…GBS

ヴァイスの躍進は、既存メディアも無視できない成功事例となった。

そのため、視聴者層の高齢化に危機感を募らせていたCNNは、新たなコンテンツで若い世代を引きつけようと、2015年10月に新チャンネル「グレート・ビッグ・ストーリー（GBS）」を開設した。バズフィードの面白コンテンツは卒業して、かといってヴァイスの過激さにもついていけない、賢くて好奇心の強いミレニアル世代が対象だ。[注5]

動画に文字やアニメーションを加工した「インフォグラフィックス」を用いて、世の中の理解を助け、考えさせる内容となっている。動画の視聴時間もヴァイスより短めの3〜5分程度にして、ソーシャルメディアでの拡散にも配慮した。聴覚を失った歌手のルポ「音を聴かずに歌う…」や、1990年代にAOLの「メールですよ！」という声を吹き込んだ男性のドキュメンタリーなど、上品で知的な作品が多い。

同社のコンテンツを評価した全日空は、欧州での利用客獲得のため、スポンサーとなって日本の食や文化、もてなしの心を紹介する「一期一会」シリーズを制作した。「あえて毒の魚を食べる」と題したフグ料理の紹介動画は、ユーチューブで140万回再生され、ユーチューブチャンネルの登録者数は150万人に達している。

この結果、CNNの平均視聴年齢が58歳なのに対し、GBSは27歳と大幅に若い視聴者を獲得することに成功。アプリの平均利用時間も7分と長く、若者世代に食い込んでいる。2018年にはテレビ放送分野へと"逆上陸"する計画で、ソーシャル時代の「ポスト・ケーブルテレビ」を目指し、1日3〜5本に更新頻度を高め、24時間放送も視野に入れる。

ニッチな顧客に向けて質の高い動画を作り、その後にスケールを拡大する方針は、今後の動画市場開拓のモデルケースにもなりそうだ。

■分散する動画…ナウディス・ニュース

　一方、短い動画ニュースをソーシャルメディア上で視聴・拡散させる「分散戦略」をとっているのが、2012年にニューヨークで設立された「ナウディス・ニュース」だ。[注6] かつて同社サイトには、「ホームページはもう古い」と挑発的な言葉が掲げられていた。動画をサイトには置かず、ソーシャルメディアのスマホ用アプリで視聴してもらい、スポンサー広告を受注して収益を上げるビジネスモデルだ。

　同社のニュース動画の特徴は、1）スピーディに切り替わる字幕　2）1分以内の短かさ　3）音声の存在感の低さ、などがある。アプリ内で動画を自動再生し、元の動画ファイルに飛ばさないスタイルが普及する中、ストレスなく動画を見るための仕様で、試行錯誤の末、このスタイルに行き着いたという。

　従来メディアのように政治、経済、スポーツといったジャンルごとのチームはなく、動画を出すソーシャルメディアごとにチームを構成した。最適なコンテンツを最適なメディアに出すための工夫で、多くの模倣を生んでいる。国内でも、洗練された動画ニュースを作る「ワンメディア」、ハイテク中心に動画ニュースを配信する「ニュース・タイムライン」などの企業が、この手法を採用している。

　ナウディスの動画視聴数は月間25億回にものぼり、フェイスブックの「いいね」は1260万回以上。政治やエンタメ、女性、スポーツなど領域を広げており、長尺の調査報道動画にも乗り出す方針だ。最近は情報検索に、文字ではなく動画を使う人が増えており、ネットの変化を体現するメディアとしても注目されている。

■スローなジャーナリズムへの回帰…ナラティブリー

　情報発信コストの低下とソーシャルメディアの普及で、大量の情報や
コミュニケーションがネットにあふれる「情報爆発」が起きている。玉
石混交の情報が消費限界を超えて生み出され、何を読めば良いのか、ど
う選択すべきなのか、途方に暮れる人も多い。短文によるコミュニケー
ションが主流となる中、「少量でも確かな品質の情報を、ゆっくりと味
わいたい」という需要が、誕生しつつある。そこで生まれたのが、「ス
ロージャーナリズム」の流れだ。

　その代表格が、米国で2012年に設立された「ナラティブリー」だ。(注7)
1週間に一つのテーマを掲げ、1日1本だけ深く掘り下げた、良質で長
い記事を掲載してきた。人物ストーリーや回想記などを中心に、文字や
動画でじっくり描かれた記事が人気を博している。

　編集長を務めるノア・ローゼンバーグCEOは、ニューヨーク市立大
学（CUNY）の起業家ジャーナリズムコースで学んでいた時、メディア
の状況に危機感を覚えたという。「人々は大量の記事を読み流し、消費
するだけで、内容は記憶に残らない。今求められるのは読み手の記憶に
残る記事だ」と考えた。寄付を募ったところ5万ドル（約550万円）の
資金を集め、サービスを立ち上げた。

　ビジュアルにデザインされたサイトで、記事はプロのジャーナリスト
からアマチュアまで様々な人が書く。現場にいる人が記事を書くという
原則を持ち、本社のあるニューヨークの記事の他、インドの古武術「マ
ラカーンブ」のレスラーを360度動画で追った作品や、ケニアの難民
キャンプの話など、現地ジャーナリストの手による作品も多い。世界に
2500人以上のジャーナリストのネットワークを持つという。

　現在、収益の多くは企業から受注したコンテンツ制作によるものだ
が、お金を支払ってくれる「パトロン」向けコンテンツも作る。2017
年10月からは5周年を機に、さらに完成度の高い記事を作り続けるた
め、週2本の記事をじっくり取材して出しており、スロージャーナリズ

ムの王道を行くサービスとなっている。

■ 1 日 1 回更新するタブレット新聞…ラ・プレス

　同じくスローな更新例として、創刊 133 年の歴史を持つ新聞社が、デジタルで 1 日 1 回だけ更新する無料電子新聞に移行したという珍しいケースもある。カナダのモントリオールで最大部数を誇った仏語紙ラ・プレスは、タブレット版アプリ「ラ・プレス＋（プラス）」を 2013 年に開発し、ユーザーを増やしてきた。2016 年には 1 日当たりユーザー数が 27 万 3 千人に増え、紙を含む広告売り上げの 9 割を占める稼ぎ頭に育ったため、2017 年に紙の新聞の印刷を終了。デジタルに完全移行し、タブレットを収益源とする異例の新聞社となった。

　アプリは 3 年の歳月と、開発費 4 千万カナダドル（約 35 億円）をかけて作った。開発過程で、ユーザーのデジタルメディア利用動向を綿密に分析した結果、ニュース報道での課金は難しく、広告単価も下がることを突き止めた。そこで、じっくり記事を読む傾向が強いタブレット端末に的を絞り、広告モデルを追求する戦略を選択したという。

　iPad とアンドロイドタブレット向けに作るコンテンツは、毎朝 5 時半の 1 回のみ更新。速報ニュースを見る機能も搭載しているが、基本は長い記事と高品質な写真、動画などをじっくり読んでもらうコンセプトだ（図 7）。

　アプリは横長画面向けに設計され、ニュースや論壇、アート、ビジネスなど、ニュースサイトとは異なる 7 ジャンルを持つ。1 日分のデータを自動ダウンロードした後は通信が発生せず、読み込みや閲覧のスムーズさを確保した。右から左へ記事をスライドしながら読み進む形式で、没頭して読むユーザーが多く、アプリに費やす 1 日の平均時間は平日が 40 分、土曜日は 52 分と非常に長いのが特徴だ。

　アプリの広告収入が順調に増えたことから、2015 年末に平日の新聞の印刷を終了。土曜版だけを印刷してきたが、それも 2017 年末には終

図7　ラ・プレスの iPad アプリの画面。1日に1回更新され、美し
　　　い写真と考え尽くされたデザインで使い勝手が良く、じっくり
　　　記事を読み込むファンが多い

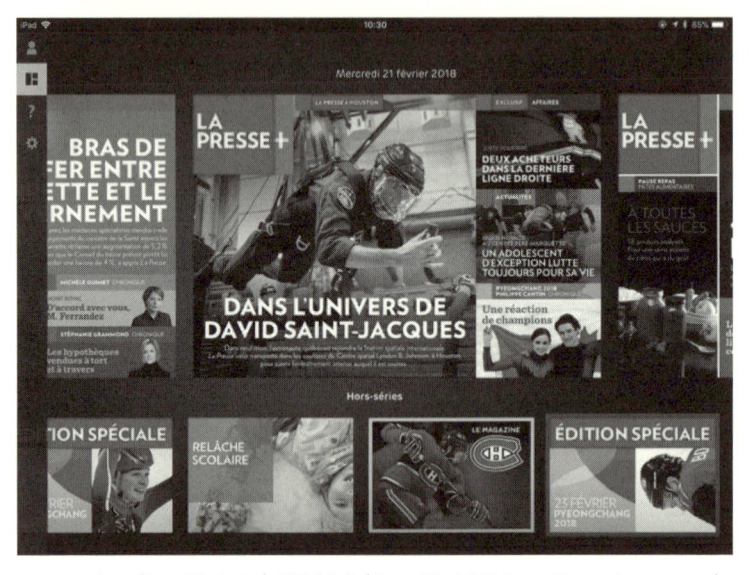

ラ・プレス iPad アプリ画面より（ウェブサイトは http://www.lapresse.ca/）

え、完全デジタル移行した。過去に見切り発車で紙をやめ、完全デジタ
ル化した新聞社は、失敗したケースが多いが、同社は綿密な調査と実践
の結果、紙からデジタルへと移行しており、ユニークな事例として今後
注目されそうだ。

注

(1)　Firestorm, The Guardian, Thursday 23 May 2013 https://www.theguardian.
　　com/world/interactive/2013/may/26/firestorm-bushfire-dunalley-holmes-family
(2)　「Last Dance（ラストダンス）」朝日新聞 2014 年 2 月 20 日　http://www.asahi.
　　com/olympics/sochi2014/lastdance/

⑶　「新幹線半世紀の旅」　読売新聞　2014 年 8 月 14 日　http://www.yomiuri.
co.jp/special/shinkansen/

⑷　Live Presidential Forecast, The New York Tmes, NOV. 9, 2016 https://www.
nytimes.com/elections/forecast/president

⑸　GREAT BIG STORY　https://www.greatbigstory.com/

⑹　Now This News https://nowthisnews.com/

⑺　narratively　http://narrative.ly/

 ニュースメディアの過去と未来

■影響力を増し続けるネット

　すでにニュースメディアとしてのネットが存在感を示し始めて久しく、広告業界が4マスと呼ぶ、ラジオ、雑誌、新聞を広告料で抜き去り、最後のテレビに迫る勢いであることは既知の事実である。しかし、それがメディアの世界で現実化した象徴的な事件が、2016年の米大統領選挙戦で起きた「トランプ現象」だ。

　テレビではクリントン候補が中産階級以上の支持を得て優勢だったが、SNSで過激な主張を繰り返すトランプ候補は、ツイッターやフェイスブックなどに影響された、低所得層の浮動票を最後に獲得して当選した。その後もツイッターで、北朝鮮に挑むような発言で自らの主張を世界に向けて発信し、テレビをフェイクニュースと揶揄するトランプ大統領の姿を見ると、ネットのメディアとしての影響力がテレビを上回った感がある。もはやネットの力を見損なうと、メディアの現状を見誤ることになる時代がやって来た。

　米国では2017年に、ネットがビジネス規模でテレビを上回り、日本でも2020年ごろには同じ現象が起きると予想されている。こうした現状を直視した上で、これからのネット社会がメディアにどのような影響を与えるかを考えなくてはならない。

　特に日本では、ポータルサイトの代表格のヤフーがマスメディアを大きく引き離している。ロイターの「デジタル・ニュース・リポート2016」によると、日本のオンライン・ニュースの利用ランキングでは、ヤフー59%、NHK16%、日経13%、日テレ10%、朝日新聞9%の順で、他国と比較してもヤフーの突出が目立つ。

　フェイスブックの利用者が20億人を突破し、中国やインドの人口を

大きく超え、人工知能（AI）やバーチャルリアリティー（VR）、モノのインターネット（IoT = Internet of Things）などのテクノロジーが、ネットを通して広く利用される時代がやって来ようとしている。2045 年ごろには、コンピューターの能力が人間を上回る「シンギュラリティー」と言われる現象も起きるとささやかれる現在、メディアはネットに象徴されるデジタル時代に、真剣に向き合うべきときが来ている。

■デジタル時代のニュース像

　ニュースがデジタル化、ネット化することで、これからのメディアの姿を予感させるような大きな変化がすでにいくつも起きている。特に最近は、深層学習（ディープラーニング）などを使った AI の実用化や、より広く豊かな表現を可能にする VR や 360 度映像、ドローンなどを使った空撮映像などのテクノロジーが話題となっている。

　AI は 1950 年代にすでに提案されている。1980 年代には、専門家の知識を入れたエキスパートシステムや神経回路を模したニューラルネットなどが注目されたものの、膨大な計算量に当時のコンピューターが追い付けず、結果的にただのブームで終わったとされる。

　しかし 2000 年代に入り、ゲーム機用に開発された画像処理チップ（GPU）を利用することで、ニューラルネットを複雑化して膨大なデータを効率よく処理する深層学習などの手法が実用化した。画像から対象物を認識してキャプションを付けたり、レントゲン画像から専門医より正確に病巣を特定したり、道路状況を認識して自動運転する車も登場したりと、これからさまざまな分野への応用が進むと考えられている。

　また VR は 3D 映像と自由にインタラクションできる技法として、ゲームなどに応用された。1990 年にはすでにブームが訪れ、最近はパソコンで高度な CG を作り、簡単にネットで動画を送ることができる。安価なディスプレー（HMD）やスマートフォンなどが登場することによって、誰もが気軽に VR や、VR と現実の映像を組み合わせた AR（拡

張現実）などの機能を、ゲームばかりかタウンガイドやトレーニングなどの幅広い分野にも用いることができるようになっている。

　これらさまざまな新機能を取り入れ、ニュース報道をよりリアルで広く深い内容にする研究が進んでいる。

■カスタマイズで拡張するネットのニュース配信

　現在ネット上で流れるニュースの量は（いまだ正確な統計はなくニュースの定義にも左右されるが）、確実に幾何級数的な増加を遂げている。1995 年のネットブームが始まった当初、サイトの数は 2 万程度しかなかったが、その数は 2006 年に 1 億を突破し、2014 年には 10 億を超えた。21 世紀に入り、ツイッターやフェイスブックなどの個人が書き込むサイトが増え、ネット上にデータ化された情報量が増大し、全サイト上に存在するページは 60 兆を超すようになり、グーグルのような検索サイトを使わなければ目的の情報に行きつくことができなくなった。その結果、検索サイトの存在感が高まり、それに付随した広告ビジネスの拡大をもたらした。

　こうした状況の中で、マスメディアによる万人に共有される一律な一般向けニュースは無料化し、利用者の好みにあわせてカスタマイズした情報に人気が高まり、趣味や嗜好に合ったニュースは、有料でも受け入れられるようになった。アグリゲーションを行うサイトは、従来の何倍もの各社のニュースを、個別のニーズに合わせて配信するために、ニュースの構文解析をしてその内容をカテゴリーに自動分類し、利用者の好みを利用状況から学習したデータとマッチングしている。アマゾンが購買記録から、利用者の好みそうな商品をリコメンド（推薦）するような機構を、ニュースアプリも積極的に利用している。

　スマートニュースでは人手による作業を排除し、2000 以上のメディアから配信を受けたニュースを、世界中に 3200 万人以上いる利用者に対して、各人の嗜好に合わせて自動的に配信するシステムを開発してい

る。いわゆる編集部という組織が存在せず、機械学習や自然言語処理を使ったアルゴリズムによる自動編集が行われ、マッチングが行われている。また読者とのやりとりにおいても、不適切なコメントのチェックや除去などに応用されている。

　ニュースを配信するデバイスも、パソコンやスマートフォンなどに限らず、これからは電子書籍端末やウェアラブル機器、あるいはデジタルサイネージなどの多様なフォーマットへの展開が期待されている。これまでの新聞やテレビなどとは異なる TPO に応じた利用が進み、従来と違うフォーマットやデザインが求められるだろう。

■ AI が取材から編集、制作まで行う時代

　ネット上に存在するさまざまなデータや、公文書などのオープン化により利用可能になった膨大なデータをどう扱っていくか。ネット上の隠されたビッグデータをどう扱うかも、これからのニュース産業の大きな課題になるだろう。

　2010 年からイラク戦争の民間人殺傷動画や、アフガン紛争関連資料などを公開し始めたウィキリークス。彼らの提供する数十万件に及ぶ膨大なデータは、ガーディアン、ニューヨーク・タイムズ、ル・モンドなどの大手メディアに持ち込まれ、多くの記者が共同作業をしてニュース化した。また、2016 年にパナマの法律事務所からドイツの新聞社に持ち込まれた「パナマ文書」は、タックスヘイブンの法人や株主リストなど 21 万件にも及び、国際調査報道ジャーナリスト連合（ICIJ）が 2.6TBもの膨大なデータを、手分けして分析にあたった。

　こうしたネット時代には、取材から編集部門までが、データ解析やファクトチェック、さらには SNS などを使った新しい表現方法に習熟する必要があるが、国際ジャーナリストセンター（ICFJ）がジョージタウン大学と行った調査では、現場のスタッフ中でテクノロジー関係者の割合は 2%とまだ低い。ネットの利用法も SNS 利用などに限られて

おり、ニュース取材やメディア作りに本格的に取り組んでいるメディア
は少ないとされる。

　こうした中で、デジタル化されたニュースの処理に関しては、AIを
使った取り組みが注目されている。AIは主に翻訳やファクトチェック
などに応用されているが、記事の執筆自体を自動化する試みもいくつか
行われている。

　まず2014年に、AP通信が米上場企業の利益報告記事に応用するこ
とで、四半期ごとに300本規模だった記事数を4400本にまで増やした。
その後は2016年に、野球のマイナーリーグの記事作成も自動化した。
2016年のリオ五輪の際には、ワシントン・ポストが試合結果などの短
信をAIで自動的に作成して、ツイッターやブログなどに流した。また
ニューヨーク・タイムズも、婚姻関係の情報を自動作成するなど、各社
が徐々に利用し始めている。

　日本では2016年に、中部経済新聞が11月1日の70周年を記念して、
同社の歴史を紹介する記事をAIで作成した。また日本経済新聞は2017
年1月から、上場企業の決算サマリーを自動作成している。朝日新聞で
は記事の執筆をサポートするため、AIを使った自動校正システムを開
発している。

　現在のほとんどの事例は、株式、スポーツ、天気等の大量の定型デー
タを処理するものだが、大量のニュースのデータを効率良く正確に処理
し、ネットなどを介してきめ細かい情報を配信するためにも、AIを使っ
た記事作成やサポートシステムの利用が今後も進んでいくと考えられ
る。

■紙媒体では不可能な映像表現

　ネットのニュースでは、紙媒体では不可能な多様な映像表現が可能に
なるが、近年注目されているのはVRや360度映像、ドローンを使った
空撮映像だ。

　VR はニュース現場にいるような感覚で、自由に各所を歩き回ってあらゆる方向から検証できる映像を作れる。米エンブレマティック社がシリアの難民キャンプや中東戦争などのシーンを、3D モデル化した例が有名だ。ニュース報道というより、ニュースの意味を理解する教育用としての効用が期待されている。

　2016 年から Oculus（オキュラス）のような、安価な VR 用の HMD が発売されたことを受け、まず米 ABC などが 360 度ニュース映像の配信を始め、ニューヨーク・タイムズや CNN も続き、日本でも NHK が VR NEWS を開始した。また、ドローンを介した映像は、従来からのヘリコプターやグライダーより手軽に空撮が行えることで多用されるようになった。もともと警察の規制がある現場の撮影などに威力を発揮したが、ドローンの利用には航空法の規制がかかり、飛行には届け出が必要になった。これからは、ワールドカップやオリンピックなどの大きなスポーツ大会で、人間のカメラマンでは不可能な視点からの撮影に用いられて普及することだろう。

■メディアの革新は電子化の歴史

　2004 年に米研究者が、ニュースメディアの未来像を映像化した「EPIC2014」では、10 年後のネットメディアのあり方として、膨大なデータを集中的に管理するグーグルのような検索サイトが、他の一般情報と同じようにニュース情報も独占的に管理する世界が描かれている。さらに、ニュースを個人の嗜好に合わせて配信してビジネスに結びつけるため、グーグルがアマゾンを買収して「グーグルゾン」という巨大な世界的「ニュース＋ビジネス」サイトを形成すると予想した。そのシナリオでは、ニュース提供元のニューヨーク・タイムズが、ニュースにも支配力を持つグーグルゾンに対抗して、ニュース提供を止める姿も描かれている。

　マスメディアにとっては、ネット時代の巨大サイトの横暴のようにも

読めるが、これと同じ方式で成長したのが、マスメディアの歴史であったことも忘れてはならない。19世紀の末に電話などの新しいメディアを活用し、大量印刷が可能な輪転機を取り入れ、かつ広告を積極的に取り入れて部数を拡大したのが現在の新聞だ。こうした構図は、グーグルゾンがネットで行おうとしている戦略と同種のものだ。

もともと近代の新聞は、識者のオピニオンを中心にした印刷物を郵便で配っていた。1830年代半ばに実用化された電信を使って、かつてない大量かつ多様な情報を入手し、大量に印刷して伝えられるようになった。ある意味では、情報入力の電子化であり、書籍やパンフレットの電子化だった。

その後は、紙面製作の自動化や電子化、組版へのコンピューター利用が進み、情報の加工が電子化した。そしてネット時代になって、配送や流通といった最後のプロセスが電子化して、今日に至っている。新聞業界の電子化の歴史は、ネットのビジネス化と同じ経緯をたどっており、19世紀型のネット電子ビジネスだったとも言える。

こうした類似性に着目した場合、新聞などのメディアはネット時代の先駆者と言えないこともない。従来の印刷を基本としたビジネスの資産を、新しい時代に活用できないまま、ネットに対して積極的な戦略を展開できていないのが現状であるとも思える。

米デジタル・カルチャー誌WIREDの創刊編集長だったケヴィン・ケリーは、著書『〈インターネット〉の次に来るもの』の中で、ネットのクラウドを介してAIの機能をすべてのモノに付加することで、現在は想像もできない新しいサービスが実現すると予想している。Uberのように、タクシー会社が車を保有することなく、登録したドライバーを利用者とネットで結びつけるようなビジネスが、ありとあらゆる分野で始まると考えている。

ニュースについても、現在のようにSNSを介して読者側の情報の集合体がマスメディアに影響を与えたり、現場の情報を直接集めて報じて

先んじたりするありさまを見ると、ニュースを提供する側と消費する側の関係は既に逆転している。ウィキペディアのように、誰もが取材者や編集者として、ネット全体で集合知を高めるようなニュースが成立する可能性もあるだろう。

　ニュースを扱うメディアにどのような未来が来るのかは、誰も正確に予測はできない。将来の姿の基本にあるのは、メディアの過去の歴史や、メディアビジネスの持つ基本的な特性をどう理解するかであって、ネットとマスメディアの競合分析ではないだろう。

■ニュースの未来に向き合う姿勢

　1960年代に米ソの冷戦時代が激化した頃、米国の核戦略を立案するランド研究所にいた未来学者ハーマン・カーンは、1962年に『考えられないことを考える』という著書を発表し世間を騒がせた。彼の主張は、米ソの核戦争による第3次世界大戦で人類が滅亡するシナリオを含むもので、関係者はあり得ないと反発したが、彼はそうした主張は、自分が考えたくない未来像から目を背けたものだと反論した。

　東日本大震災の福島原発の大事故を引き合いに出すまでもなく、人間は不都合な現実や望まない結果に対して積極的に関わろうとはせず、自分にとって望ましい未来ばかりを考えようとする傾向がある。

　昨今のニュースについての話題は、従来型のマスメディアとネットの対立に関するものが大半だが、マスメディア業界の論調はおおむねネットメディアの興隆は認めつつも、従来型メディアの正統性を強調し、その立場を擁護するものが大半だ。しかしニュースの未来を考えるには、カーンが論じたように、なるべく常識的には考えられないようなシナリオまで含めた客観的な条件を広く論議して、全体像を吟味する必要があるだろう。

　デジタル時代のテクノロジーの進歩は、18ヵ月ごとに性能を倍加させるというムーアの法則に歩調を合わせており、これから数十年の間に

起きる変化について、その質まで正確に見通すことは難しいとされる。これからの時代にはメディア側だけでなく、読者の生活文化も大きな変容を遂げることが予想され、ニュースに対する需要やニュース自体の定義に関しても変化が起きるはずだ。メディアの変化を可能にするテクノロジーの動向に謙虚に耳を傾け、オープンな態度で臨むことでしか、未来に向き合うことはできないだろう。

あとがき

　本書は、早稲田大学メディア文化研究所の研究成果として発刊された5冊目の本である。メディアをテーマとした出版物としては『メディアの地域貢献──「公共性」実現に向けて』（2010年、一藝社）、『メディアの将来像を探る』（2014年、一藝社）につづく3冊目となった。

　出版にいたる経緯を説明させていただきたい。

　早稲田大学メディア文化研究所は「メディアが果たすべき役割、その役割実現のための課題、さらに問題点打開の道を追求する」ために2003年10月に設立された。研究所といっても大学の常設研究機関ではなく、研究所としての固有のスペースはない。今日的なテーマについて機動的に研究を進めるために期限付きで設置される「プロジェクト研究所」と称されるものである。メディア文化研究所は1期の期間が5年で、これまで、第一期（2003年10月〜2008年9月）、第二期（2008年10月〜2013年9月）、第三期（2013年10月〜2018年9月）と計三期15年間にわたる研究活動を続けてきた。

　重きをおいた研究分野は期ごとに異なっている。

　第一期は「地域ネットワーク資源プロデュース研究会」「憲法アーカイブ研究会」「地域とメディア研究会」を発足させ、それぞれに成果を上げた。名称からみてメディアとの関係が見えにくい研究会があり、なぜメディア文化研究所なのかと疑問に思われる向きがあるかもしれない。おそらくそれは、「メディア」という言葉の多義性に由来しているのであろう。設立当初の活動目的の文章では、「メディア活動」を「新聞・テレビなどいわゆるマスコミをはじめ政府・企業その他の諸組織におけるコミュニケーション活動とそれを支える経営・システム全体」と位置づけている。行政組織や企業、NPO、市民など、社会における各アクターを人間の「臓器」に例えると、各アクターを情報でつなぐ「血

管」あるいは血管のネットワークをメディアと考えたのである。

　この当時は公共経営研究科（現・政治学研究科公共経営専攻）が研究所の母体となっていたこともあり、「地域」と「公共性」というテーマに「メディア」を組み合わせた問題設定に重点が置かれていた。研究会のうち「地域とメディア研究会」が中心となって出版したのが『メディアの地域貢献——「公共性」実現に向けて』である。

　第二期には「メディアの将来像を考える会」と「公共ネットワーク研究会」が発足した。このうち「メディアの将来像を考える会」は、メディアが抱えるさまざまな課題について、注目すべき取り組みをしているメディア実務者らを講師に招いて話を聞き、活発な質疑討論により問題理解の深化をめざした勉強会である。第三期の今日にいたるまで１〜２カ月に１回のペースで例会を開いてきている。この勉強会での成果を基に出版したのが『メディアの将来像を探る』であった。

　第一期と第二期にあたる 2003 年から 2013 年にかけては、メディアをめぐる風景が国内外で激しく変化した時期だった。

　2004 年にはフェイスブック、2006 年にはツイッター、そして 2011 年には日本発として LINE がそれぞれのサービスを開始し、その後、SNS（ソーシャル・ネットワーキング・サービス）を利用した情報の発・受信が日本でも急速に広まった。一方、日本経済新聞が 2010 年、朝日新聞が 2011 年、それぞれ有料の電子新聞（会員制）を開始するなど、マスメディアにもデジタル化の流れに対応する動きが出た。2013 年には米国の主要紙であるワシントンポスト紙を、アマゾン創業者のジェフ・ベゾス氏が買収した。

　この間、日本の新聞の発行部数は減少し続けていた。2009 年には、増加傾向のインターネット広告費が、減少傾向の新聞広告費を逆転して上回るようになり（電通「2009 年（平成 21 年）日本の広告費」）、新聞ビジネスの苦境をデータでも示すことになった。一部にはデジタル化が成功し、デジタル化に向けて明るい展望を見出すメディアもある。しか

し一般には、電子化による収入増で紙メディアの減収を補うことはかなり困難なこととされ、多くのニュースメディアはデジタルで何とか収益を上げようと、手探りに近い状態で模索していた。

　メディア文化研究所の第三期がスタートした2013年秋は、このような時期だった。メディア（とりわけニュースメディア）の経営やビジネスモデルの研究が喫緊の課題として考えられた。そこで、プロジェクト研究所に求められる「今日的なテーマ」として、メディア経営・ビジネスモデルの研究を取り上げることとし、2014年9月に「メディア経営研究会」を発足させた。「メディアの将来像を考える会」よりも小規模な形で、ニュースのメディアビジネスに的を絞った話題を扱う研究会である。本書は、このメディア経営研究会における研究発表や分担報告、ディスカッションが基になった研究成果物である。

　メディア文化研究所のメンバーは研究所員（早稲田大学専任教員）6人、招聘研究員（非常勤講師・元教員・学外研究者・実務家）34人で構成されている（2018年4月現在）。本書の執筆にはこのうち、研究所員2人と招聘研究員11人が携わった。執筆者には私を含め、新聞を中心としたマスメディアで長く実務をしてきた者が多い。全体の取りまとめは、早稲田大学非常勤講師をしている招聘研究員の稲垣太郎氏（朝日新聞）、そして招聘研究員の松井正氏（読売新聞）の二人に担当していただいた。

　なお、本書の出版にあたっては、早稲田大学総合研究機構の学術出版補助を受けていることを記して謝したい。

　メディアをめぐる環境の変化は今日、激しさを増しているようにみえる。

　ネット情報を扱う機器はパソコンからスマホ、タブレットへと移行している。映像の分野では、フールー（Hulu）やネットフリックス、アマゾンが映画やテレビ番組のネット配信を強力に進め、会員数を拡大している。日本のテレビ局も番組のネット配信に着手している。ネットの

世界を俯瞰すると、コンテンツプロバイダー対プラットフォーマーの構図がますます鮮明になってきている。

　ニュースのメディアビジネスやビジネスモデルを検討した本書が、羅針盤がなきに等しいネット時代の航海に、少しでも明かりを照らすことができたとすれば、執筆者一同、これに勝る喜びはない。

　2018 年 6 月

早稲田大学政治経済学術院教授

早稲田大学メディア文化研究所所長

瀬川　至朗

執筆者一覧（五十音順）

井坂　公明（いさか・きみあき＝第 1 章第 2 節、第 4 章第 1 節担当）

　1954 年、茨城県生まれ。1979 年、東京大学法学部卒業。同年に入社した時事通信社で編集局政治部次長、整理部長、マスメディア総合本部調査部長などを歴任。2009 年 4 月から 11 年 3 月まで東洋大学社会学部メディアコミュニケーション学科で非常勤講師。著書に「メディアの将来像を探る」「銀行窓口の法務対策 4200 講」（いずれも共著）など。早稲田大学メディア文化研究所招聘研究員。デジタル化に伴うメディア全体の生態系の変化に関心を持つ。

稲垣　太郎（いながき・たろう＝「はじめに」、第 2 章第 1 節担当）

　1955 年、東京都生まれ。1978 年、早稲田大学政治経済学部経済学科卒業、2008 年、早大大学院社会科学研究科修士課程修了（現代メディア論）。1978 年に入社した朝日新聞社で整理部記者、次長、ジャーナリスト学校主任研究員を歴任。著書に『フリーペーパーの衝撃』（集英社新書）など。早大大学院政治学研究科と早大グローバルエデュケーションセンター、筑波学院大学で非常勤講師。早大メディア文化研究所招聘研究員、「メディアの将来像を考える会」座長。ジャーナリズムを含むメディアのマネージメントが関心領域。

瀬川　至朗（せがわ・しろう＝「あとがき」担当）

　1954 年、岡山市生まれ。1977 年、東京大学教養学部教養学科（科学史・科学哲学）卒。毎日新聞社でワシントン特派員、科学環境部長、編集局次長などを歴任。2008 年 1 月から早稲田大学政治経済学術院教授、ジャーナリズム大学院プログラム・マネージャー。著書に『科学報道の真相──ジャーナリズムとマスメディア共同体』（単著、ちくま新書）、『メディアは環境問題をどう伝えてきたのか』（共編著、ミネルヴァ書房）など。NPO 法人ファクト

チェック・イニシャティブ（FIJ）理事長。専門はジャーナリズム研究、メディア産業論。

高橋　直純（たかはし・なおずみ＝第 5 章第 1 節担当）

　1981 年、東京都生まれ。2008 年、早稲田大学政治学研究科修士課程修了、同年に毎日新聞社に入社。横浜、川崎支局、東京経済部を経て退社。現在はインターネットメディアで取材、編集編成に従事している。ネットメディアにおけるジャーナリズムの実践、マネタイズに関心を持つ。

田中　幹人（たなか・みきひと＝コラム II 担当）

　1972 年、静岡県生まれ。2003 年、東京大学総合文化研究科修了。博士（学術）。早稲田大学政治学研究科「科学ジャーナリスト養成プログラム（MAJESTy）」助手などを経て、2010 年より早稲田大学政治経済学術院准教授。早稲田大学メディア文化研究所員。著書に「iPS 細胞〜ヒトはどこまで再生できるか」「災害弱者と情報弱者」など（いずれも共著）。科学とメディアのあいだで起こる問題について、定量・定性的手法を用いて研究に取り組んでいる。

中野　一男（なかの・かずお、ペンネーム＝コラム I 担当）

　地方テレビ局勤務。報道、営業、イベント企画、デジタル関連の各部署を経験し、動画配信等のコンテンツ展開にも携わる。地域における情報流通の確保にとどまらず、地方局の役割を高めていくべきとの立場から、テレビの媒体価値を表す新指標の動向や、放送コンテンツのデジタル化による新たな流通の進展等を関心領域とする。

根本　正一（ねもと・しょういち＝第 1 章第 1 節、第 4 章第 2 節担当）

　1955 年、東京都生まれ。1979 年、早稲田大学商学部卒業と同時に、日本経済新聞社入社。長く編集記者として、経済を中心に取材・執筆活動を続け

る。早大大学院社会科学研究科博士後期課程満期退学（社会哲学専攻）。博士（学術）。ドイツのワイマール期からナチ時代における社会思想が専門分野。著書に『民主主義とホロコースト』（現代書館）など。早大メディア文化研究所招聘研究員。

服部　桂（はっとり・かつら＝第5章第3節担当）

　1951年、東京都生まれ。1978年、早稲田大学大学院理工学研究科修士課程修了後、朝日新聞社に入社。1984年にAT&T通信ベンチャー（日本ENS)に出向。1987年〜1989年にMITメディアラボ客員研究員。科学部記者や雑誌編集者を経て2016年に定年退職。著書に『人工現実感の世界』（工業調査会）『人工生命の世界』（オーム社）『メディアの予言者』（廣済堂出版）など。訳書に『デジタル・マクルーハン』『パソコン創世「第3の神話」』『ヴィクトリア朝時代のインターネット』『謎のチェス指し人形「ターク」』『チューリング 情報時代のパイオニア』（以上、NTT出版）『テクニウム』（みすず書房）『＜インターネット＞の次に来るもの』（NHK出版）など多数。

林　秀一（はやし・しゅういち＝第2章第3節担当）

　1961年、北海道生まれ。1985年、北海道大学法学部法学課程卒業。広告会社で、外資系企業マーケティング、衆議院選挙時の政党広報、国土交通省ＣＩ、ＦＩＦＡワールドカップ組織委員会（出向）、地方自治体広報・イベント等を担当。著書に『地域づくり新戦略』『メディアの地域貢献〜「公共性」実現に向けて』『メディアの将来像を探る』（以上共著、一藝社）、『広告ビジネス入門』（共編者、日本広告業協会）。早稲田大学メディア文化研究所招聘研究員・公共ネットワーク研究会座長。関心領域は、観光論、地域ブランド論、地方におけるコミュニケーション戦略等。

藤井　建人（ふじい・たけと＝第3章担当）

　1967年生まれ。駒澤大学経済学部経済学科卒業後、株式会社リブロに入

社。書店での勤務を経て経営企画に従事。書店チェーンの経営管理及び M&A、ウェブサイト構築等に携わる。日本印刷技術協会では印刷メディア産業の分析、企業経営論・メディア論・地域活性ビジネスなどの研究調査、執筆、講演活動に従事。研究調査部長、主幹研究員。共著に「印刷白書」（2007 〜 2017）、「JAGAT 印刷産業経営動向調査」（2006 〜 2017）、「印刷会社と地域活性」Vol.1・2・3 など。研究論文に「地域社会において CSV／CRSV を実践するビジネスモデルとその成立要件」。中小企業診断士。早稲田大学メディア文化研究所招聘研究員。

松井　正（まつい・ただし＝第 5 章第 1、2 節担当）

　1962 年、兵庫県生まれ。早稲田大学第一文学部心理学専修卒業。1986 年、読売新聞東京本社入社。編集局科学部、メディア局編集部、企画開発部長などを経て、現在は教育ネットワーク事務局専門委員。2004 年から 1 年間米国新聞協会（NAA ＝現 NMA　ニュースメディア・アライアンス、バージニア州）客員研究員。著書に『超高速・常時接続　ネット通信の最新常識』（日本実業出版社）、『中国環境報告—苦悩する大地は甦るか』（日中出版）など。ビデオジャーナリズム、データジャーナリズム、メディアビジネスの変化などが関心テーマ。

水野　泰志（みずの・やすし＝第 2 章第 2 節担当）

　1955 年、名古屋市生まれ。早稲田大学政治経済学部政治学科卒業。1979 年、中日新聞社に入社し、政治部、経済部を経て、編集委員。1990 年代半ばから中日新聞 Web・東京新聞 Web の運営を担当。2005 年愛・地球博公式サイト編集長。2010 年から日本大学大学院新聞学研究科で非常勤講師（ウェブジャーナリズム論）。早稲田大学メディア文化研究所招聘研究員。メディアジャーナリストとしてメディア激動をウォッチする。

吉田　則昭（よしだ・のりあき＝第 2 章第 2 節担当）

　1965 年、東京都生まれ。1989 年、立教大学社会学部社会学科卒業。1991年から 2018 年まで一般社団法人日本 ABC 協会（新聞雑誌部数公査機構）で調査、広報、国際業務に従事。著書に『戦時統制とジャーナリズム』（昭和堂）、『緒方竹虎と CIA』（平凡社）、『雑誌メディアの文化史』（編著、森話社）など。2018 年から目白大学メディア学部メディア学科特任准教授。博士（社会学）。専門はメディア史。歴史の中でのメディア産業・経営のあり方が関心領域。

装丁──アトリエ・プラン

「ニュース」は生き残るか
─メディアビジネスの未来を探る─

2018年6月20日　初版第1刷発行

編　者　早稲田大学メディア文化研究所
　　　　代表編者　稲垣太郎・松井正・瀬川至朗
発行者　菊池公男
発行所　株式会社 一藝社
〒 160-0022　東京都新宿区新宿1-6-11
Tel. 03-5312-8890　Fax. 03-5312-8895
E-mail : info@ichigeisha.co.jp
HP : http://www.ichigeisha.co.jp
振替　東京 00180-5-350802
印刷・製本　モリモト印刷株式会社

メディアの将来像を探る
Exploring Media's Future

早稲田大学メディア文化研究所◆編

A5判　並製　224頁　定価（本体2,000円＋税）　ISBN 978-4-86359-175-2

メディア研究、あるいはマスコミ研究というと、言論報道に焦点を合わせたジャーナリズム論などが主流といえる。しかし、本格的なデジタル・ネットワークの時代に突入し、メディアあるいはマスメディアのこれからを考えると、経営や技術についての理解や展望も欠くことのできない状況にある。本書は、このような問題設定のもと、メディアの将来像について鋭く分析したものである。

メディアの地域貢献
──「公共性」実現に向けて──

早稲田大学メディア文化研究所◆編

A5判　並製　272頁　定価（本体1,900円＋税）　ISBN 978-4-86359-025-0

「メディアは公共的存在（公共財）」と言われながら、実際には正面から検討されることはほとんどないのが現状である。本書は、地域貢献とは単に「言論報道」のみによって担われたり実現されたりするものではなく、販売、広告、事業さらにはその組織員の活動によって担われ実現されるべきものであることを説き、その具体例と手法を提示する。「メディアは地域づくりの重要パートナー」という視点に立ち、各地域におけるメディアの実践事例を多数紹介。